HET ULTIEME KERSEN KOOKBOEK

Ontdek de zoete en scherpe smaken van kersen in 100 verrukkelijke recepten

Feline Driessen

Auteursrechtelijk materiaal ©2024

Alle rechten voorbehouden

Geen enkel deel van dit boek mag in welke vorm of op welke manier dan ook worden gebruikt of overgedragen zonder de juiste schriftelijke toestemming van de uitgever en eigenaar van het auteursrecht, met uitzondering van korte citaten die in een recensie worden gebruikt. Dit boek mag niet worden beschouwd als vervanging voor medisch, juridisch of ander professioneel advies.

INHOUDSOPGAVE

INHOUDSOPGAVE 3
INVOERING 6
BASISRECEPTEN 7
   1. Kersensap 8
   2. Kersensiroop 10
   3. Kersenlikeur 12
   4. Kersentaartvulling 14
   5. Kersenconserven 16
   6. Kersenpoeder 18
   7. Kersenjam 21
   8. Kersensaus 24
   9. Kersenmelk 26
   10. Kersenvinaigrette 28
   11. Kersenboter 30
   12. Gepocheerde Kersen 32
   13. Geroosterde Kersen 34
ONTBIJT EN BRUNCH 36
   14. Kersen Bananenbrood 37
   15. Kersen en Pistachenoten Havermout 40
   16. Met kersen gevulde Engelse muffin 42
   17. Amaretto-kersenscones 44
   18. Lavendelkersen Overnight Oats 46
   19. Met kersen gevulde krakelingcroissant 48
   20. Kersenwarme chocolademelk 50
   21. Kersen Franse Toast 52
   22. Kersen-amandelpannenkoekjes 55
   23. Brandewijn-kersenwafels 57
   24. Verjaardag Kersen-Notenbrood 59
   25. Kersenjam Donuts 62
   26. Kersenbiscotti 65
   27. Toblerone-pannenkoeken met brandewijnkersen 67
   28. Kersenpannenkoeken 69
   29. Kersen koffie 71
   30. Kersenchocoladebroodjes 73
SNACKS 76
   31. Met kersen gevulde chocoladetruffels 77
   32. Kersenrepen 79
   33. Cherry Malt Bliss-cupcakes 81
   34. Cherry Pinwheel-shortcakes 84
   35. Kersenquinoa bar 86
   36. Kersenclusters van donkere chocolade 88

37. Kersenrumballetjes 90
38. Met donkere chocolade bedekte kersen 92
39. Kersenomzet 94
40. Rum-kersenbeignets 96
41. Kersenpopcorn 98
42. Kersenspoormix 100
43. Kersenroomsoesjes 102
44. Kersenbrowniebeten 105
45. Krokante lekkernijen met kersenwijnrijst 107
46. Kersenenergieballen 109
47. Kersenkoekjes 111
48. Krokante lekkernijen met kersenwijnrijst 114

NAGERECHT 116

49. Kersencheesecake met een rood spiegelglazuur 117
50. Crunchtaart met kersen-hazelnoot 121
51. van kersen, rabarber en meloen 123
52. Amaretto-ijs met kersen en bosbessen 125
53. Kersenmelkkruimel 127
54. Kersenparfait 129
55. Kersencrème Dacquoise 131
56. Cappuccino Bosbessen knapperig 134
57. Kersenbavarois 136
58. Kersentaart ondersteboven 138
59. Kersen-amandelpot de crème 140
60. Kersenbrownietaart 142
61. Kersen schoenmaker 144
62. Vla taart 146
63. Citroen-kersen-notenmousse 148
64. Kersenmousse 150
65. Dubbele kersen Semifreddo 152
66. Taart Cherry Swirl Kokosijs 155
67. Ouderwets ijs 158
68. Pavlova met kersen en amandelen 160
69. Verse kersenvlaai 162
70. Kersengerold ijs 164
71. Kersen Cheesecake-ijs 166
72. Kersentaart 168
73. Kersentaart 170
74. Kersensoufflé 172
75. Kersen- tiramisu 174
76. Chiapudding met kersenfruit 177
77. Kersen Cannoli 179
78. Kersentaart 182
79. Kersenijscoupes met brownies 184

80. Kersen Bircher 187
81. Kersenzuccotto 189
82. Kersen Boule-de-Neige 191
DRANKJES 194
　83. Kers-Vanille Bourbon 195
　84. Kersenlimonade 197
　85. Kersen Tuttifrutti 199
　86. Ananas- kersenpunch 202
　87. Bourbon- en kersencocktail 204
　88. Kersenkomkommer opfrisser 206
　89. Kersen Limeade 208
　90. Kersenmuntwater 210
　91. Kersen En Peterselie Mocktail 212
　92. Bevroren kersen mokka 214
　93. Bing Cherry- likeur 216
　94. Kers-Vanille Bourbon 218
　95. Kersenbrandewijn 220
　96. Met kersen doordrenkte cognac 222
　97. Kersenkomboecha 224
　98. Kersen Martini 226
　99. Cherry Boba-milkshake 228
　100. Smoothie van kersen-vanille 230
CONCLUSIE 232

INVOERING

Welkom bij 'HET ULTIEME KERSEN KOOKBOEK', uw gids voor het ontdekken van de heerlijke zoete en zure smaken van kersen aan de hand van 100 verrukkelijke recepten. Kersen zijn met hun levendige kleur en onweerstaanbare smaak een geliefd fruit waar mensen over de hele wereld van genieten. In dit kookboek vieren we de veelzijdigheid en verrukkingen van kersen, waarbij we hun unieke smaakprofiel laten zien in een grote verscheidenheid aan culinaire creaties.

In dit kookboek ga je op een culinair avontuur door de wereld van kersen en ontdek je een schat aan recepten die hun zoete en zure smaken benadrukken. Van klassieke kersentaarten en fruitige jam tot hartige gerechten zoals met kersen geglazuurde kip en levendige salades: elk recept is ontworpen om de heerlijke veelzijdigheid van deze geliefde vrucht te laten zien. Of je nu een liefhebber bent van zoete desserts of hartige hoofdgerechten, in deze collectie is er voor ieder wat wils.

Wat "HET ULTIEME KERSEN KOOKBOEK" onderscheidt, is de nadruk op creativiteit en innovatie. Hoewel kersen vaak worden geassocieerd met klassieke desserts zoals taarten en schoenmakers, onderzoekt dit kookboek hun potentieel in een breed scala aan gerechten, van ontbijttraktaties tot hartige voorgerechten en nog veel meer. Met eenvoudig te volgen instructies en handige tips wordt u geïnspireerd om op nieuwe en opwindende manieren met kersen te experimenteren, waardoor elke maaltijd een vleugje smaak krijgt.

In dit kookboek vindt u praktisch advies over het selecteren, bewaren en bereiden van kersen, evenals prachtige fotografie om uw culinaire creaties te inspireren. Of je nu aan het bakken bent voor een speciale gelegenheid, een etentje organiseert of gewoon zin hebt in een heerlijke kersentraktatie, "HET ULTIEME KERSEN KOOKBOEK" heeft alles wat je nodig hebt om het meeste uit deze heerlijke vrucht te halen.

BASISRECEPTEN

1.Kersensap

INGREDIËNTEN:
- 3 kopjes kersen; rijp en vers of bevroren
- ½ kopje water

INSTRUCTIES:
a) Begin met het wassen van de kersen en het verwijderen van de pitten.
b) Voer de ontpitte kersen eenvoudigweg door de vultrechter van de sapcentrifuge en laat de machine het werk doen.
c) Verwerk het vruchtvlees nog een of twee keer om zoveel mogelijk sap uit het fruit te halen.

2.Kersensiroop

INGREDIËNTEN:
- ½ kopje verse kersen
- ½ kopje suiker
- ½ kopje water

INSTRUCTIES:
a) Verwarm de suiker in water in een kleine pan op laag vuur.
b) Voeg de kersen toe aan de siroop en laat ze een nacht in een luchtdichte verpakking staan.
c) Giet de kersen af en gooi ze weg.

3. Kersenlikeur

INGREDIËNTEN:
- 4 kopjes wodka
- 4 kopjes bevroren donkere ontpitte kersen, ontdooid
- 2 kopjes kristalsuiker

INSTRUCTIES:
a) Verdeel de grote fles wodka gelijkmatig over de twee inmaakpotten van een kwart liter en vul elke pot met iets meer dan 2 kopjes wodka.
b) Voeg twee kopjes kersen toe aan elke pot.
c) Voeg in elke pot 1 kopje kristalsuiker toe.
d) Draai de deksels stevig vast en schud de potten goed om de ingrediënten goed te mengen.
e) Zet de potten minimaal 1 maand in een donkere kast of op een andere donkere plek. Schud de potten tijdens deze periode minstens twee keer per week, of wanneer je maar wilt. Gedurende deze tijd zal de suiker volledig oplossen. De wodka is na 1 maand op smaak gebracht, maar voor een diepere smaak en kleur kun je hem langer laten trekken.
f) Nadat de likeur is getrokken, zeef je een van de potten likeur in een grote glazen maatbeker met schenktuit. Giet de likeur vervolgens over in twee gesteriliseerde flessen van 8½ ounce met goed sluitende deksels. Herhaal dit proces met de tweede pot.
g) Doe alle kersen in een van de kwartpotten en maak af met rum, bourbon of cognac om cocktailkersen te maken. Je kunt deze ook in kleinere potjes verdelen voor leuke cadeaus, vooral geschikt voor liefhebbers van de ouderwetse cocktail.
h) Bewaar de flessen likeur en kersen op een koele, droge plaats, zoals een kast of voorraadkast.

4.Kersentaartvulling

INGREDIËNTEN:

- 4 kopjes (616 g) ontpitte kersen, ontdooid indien bevroren
- 1 kop (198 g) kristalsuiker
- 2 eetlepels citroensap
- ¼ kopje (28 g) maizena
- Een klein snufje zout
- Optioneel: ⅛ theelepel kaneel

INSTRUCTIES:

a) Meng in een middelgrote pan op middelhoog vuur de kersen, kristalsuiker, citroensap, maizena, een klein snufje zout en eventueel de kaneel. Goed mengen.

b) Als je kersen niet erg sappig zijn, overweeg dan om water aan het mengsel toe te voegen. De benodigde hoeveelheid water kan variëren van een paar eetlepels tot een halve kop, afhankelijk van het vochtgehalte van uw fruit. Dit helpt bij het bereiken van de gewenste consistentie.

c) Breng het mengsel aan de kook. Zodra het begint te koken, zet je het vuur middelhoog.

d) Laat 8-10 minuten sudderen of tot het mengsel dikker wordt. Als je merkt dat het mengsel aan de pan blijft plakken, zet het vuur dan laag en voeg een scheutje water toe om plakken te voorkomen.

e) Haal de pan van het vuur en laat de kersentaartvulling iets afkoelen.

5.Kersenconserven

INGREDIËNTEN:
- 1 pond ontpitte kersen (vers of bevroren)
- 1½ kopje kristalsuiker
- 1 eetlepel vers geperst citroensap
- ½ theelepel citroenschil
- 1 eetlepel boter

INSTRUCTIES:
a) Begin met het wassen en bereiden van de kersen. Als u bevroren kersen gebruikt, hoeft u deze niet vooraf te ontdooien.
b) Meng in een middelgrote pan de kersen, kristalsuiker, vers geperst citroensap en citroenschil.
c) Meng de ingrediënten op middelhoog vuur tot de suiker volledig is opgelost, wat ongeveer 5 minuten duurt.
d) Verhoog het vuur en breng het mengsel aan de kook. Laat het 3 minuten koken, haal het dan van het vuur en roer de eetlepel boter erdoor.
e) Zet de pan terug op het vuur en breng hem opnieuw aan de kook. Verlaag vervolgens het vuur tot medium. Roer en pureer de kersen regelmatig en blijf koken tot de jam dikker wordt. Je kunt ook de temperatuur controleren, deze zou 104°C/220°F moeten bereiken. Dit duurt meestal ongeveer 10 tot 15 minuten.
f) Laat de jam iets afkoelen en doe hem voorzichtig in een schone, getemperde pot.
g) Zodra de jam volledig is afgekoeld, dek je de pot af en bewaar je deze in de koelkast.

6.Kersenpoeder

INGREDIËNTEN:

- Verse of bevroren kersen

INSTRUCTIES:
a) Begin met het wassen en grondig drogen van de kersen. Verwijder indien nodig eventuele stengels en pitten.
b) Als je bevroren kersen hebt, zorg er dan voor dat ze volledig ontdooid zijn en dep ze droog.
c) Plaats de voorbereide kersen in een enkele laag op de droogoventrays en zorg ervoor dat ze elkaar niet raken.
d) Stel de dehydrator in op een temperatuur van ongeveer 57°C voor kersen.
e) Droog de kersen gedurende ongeveer 8-12 uur of totdat ze volledig droog en broos zijn. De tijd kan variëren afhankelijk van uw droogoven en het vochtgehalte van de kersen.
f) Verwarm uw oven voor op de laagst mogelijke temperatuur (meestal rond de 75°C).
g) Leg de voorbereide kersen in een enkele laag op een bakplaat bekleed met bakpapier.
h) Open de ovendeur een beetje met een houten lepel of ovenbestendig keukengerei, zodat het vocht kan ontsnappen.
i) Bak de kersen 6-10 uur en controleer ze regelmatig. Ze zijn klaar als ze volledig droog en bros zijn.
j) Laat de gedroogde kersen afkoelen tot kamertemperatuur.
k) Doe de gedroogde kersen in een kruidenmolen, blender of keukenmachine. Je kunt ook een vijzel en stamper gebruiken als je de voorkeur geeft aan een grovere textuur.
l) Pulseer of maal de gedroogde kersen tot een fijn poeder ontstaat. Afhankelijk van uw uitrusting kan dit enkele minuten duren.
m) Breng het kersenpoeder over in een luchtdichte verpakking, zoals een glazen pot met een goed sluitend deksel.
n) Bewaar het op een koele, droge plaats, uit de buurt van direct zonlicht.

o) Kersenpoeder kan als natuurlijke smaak- en kleurstof in verschillende recepten worden gebruikt. Het is geweldig voor het toevoegen van kersensmaak aan smoothies, havermout, gebak, sauzen en zelfs zelfgemaakt ijs.
p) Pas de hoeveelheid kersenpoeder naar smaak aan, afhankelijk van het recept dat je gebruikt.

7.Kersenjam

INGREDIËNTEN:
- 3 kopjes verse kersen, ontpit en gehakt
- ½ kopje ongezoet appelsap
- 2 theelepels citroensap
- 2 (2 ounce) pakjes fruitpectine in poedervorm
- 3 kopjes witte suiker
- 4 inmaakpotten van een halve pint met deksels en ringen

INSTRUCTIES:
a) Meng in een grote pan op middelhoog vuur de kersen, het appelsap, het citroensap en de fruitpectine in poedervorm. Breng het mengsel aan de kook en roer de witte suiker erdoor. Laat de jam 2 minuten aan de kook koken, onder voortdurend roeren. Haal het van het vuur en verwijder eventueel schuim.
b) Steriliseer de inmaakpotten en deksels door ze minimaal 5 minuten in kokend water te plaatsen. Verpak de hete kersenjam in de gesteriliseerde potten en vul ze tot op ¼ inch van de bovenkant. Nadat je de potten hebt gevuld, ga je met een mes of een dunne spatel langs de binnenkant om eventuele luchtbellen te verwijderen.
c) Veeg de randen van de pot af met een vochtige papieren handdoek om eventuele voedselresten te verwijderen. Sluit elke pot af met een deksel en schroef de ringen erop.
d) Zet een rek op de bodem van een grote soeppan en vul deze voor de helft met water.
e) Breng het water op hoog vuur aan de kook. Laat de gevulde potten voorzichtig in de pot zakken met behulp van een pothouder, en zorg ervoor dat er een ruimte van 2 inch tussen zit.
f) Voeg indien nodig meer kokend water toe en zorg ervoor dat het waterniveau minimaal 2,5 cm boven de bovenkant van de potten blijft.
g) Breng het water opnieuw aan de kook, dek de pan af en laat het gedurende 15 minuten verwerken, of zoals aanbevolen door uw plaatselijke extensieagent.

h) Haal de potten uit de soeppan en plaats ze op een met stof bedekt of houten oppervlak, met een afstand van enkele centimeters van elkaar.
i) Laat ze afkoelen. Eenmaal afgekoeld, drukt u met een vinger op de bovenkant van elk deksel om een goede afdichting te garanderen (het deksel mag niet omhoog of omlaag bewegen).
j) Bewaar je kersenjam op een koele, donkere plaats.

8. Kersensaus

INGREDIËNTEN:
- 4 kopjes zoete kersen (vers of bevroren), ontpit
- ¼ tot ⅓ kopje water
- 1 eetlepel maizena
- 1 eetlepel citroensap
- 2 eetlepels suiker

INSTRUCTIES:
a) Giet het water in een middelgrote pan (van het vuur af). Gebruik ⅓ kopje water voor verse kersen en ¼ kopje water voor bevroren kersen. Klop 1 eetlepel maizena, 1 eetlepel citroensap en 2 eetlepels suiker erdoor.
b) Zet de pan op middelhoog vuur en klop voortdurend tot het mengsel begint in te dikken.
c) Voeg de kersen toe en kook, af en toe roerend, tot de saus licht kookt. Dit duurt ongeveer 6-10 minuten voor verse kersen en 12-15 minuten voor bevroren kersen. De saus moet dikker zijn en gelijkmatig borrelen, niet alleen aan de randen. Eenmaal bereikt, haal het van het vuur.
d) Laat de saus afkoelen tot kamertemperatuur, dek hem af en bewaar hem in de koelkast in een glazen pot of Tupperware-container totdat je klaar bent om hem te gebruiken. Het zal verder dikker worden zoals het nu is.

9.Kersenmelk

INGREDIËNTEN:
- 6 ons amandelmelk
- 4 ons scherp kersensap
- 1 eetlepel honing of ahornsiroop

INSTRUCTIES:
a) Verwarm de amandelmelk en het zure kersensap op middelhoog vuur in een kleine pan.
b) Haal van het vuur en klop de honing erdoor.
c) Drink warm.

10. Kersenvinaigrette

INGREDIËNTEN:
- 1 kopje kersen, ontpit en gehalveerd
- 2 eetlepels rode wijnazijn
- 1 eetlepel frambozenazijn (of balsamicoglazuur)
- 3 eetlepels extra vergine olijfolie

INSTRUCTIES:
a) Begin met het wassen, ontpitten en halveren van je kersen.
b) Doe alle ingrediënten voor de dressing in een kleine keukenmachine of een compacte hogesnelheidsblender. Meng totdat het mengsel glad wordt.
c) Proef de dressing en pas de smaakmakers aan naar jouw persoonlijke voorkeuren.
d) Als de dressing te dik lijkt, kun je 1-2 eetlepels water toevoegen om de gewenste consistentie te bereiken.
e) Bewaar de kersenvinaigrette in een luchtdichte verpakking in de koelkast. Het kan 3-4 dagen worden bewaard.

11. Kersenboter

INGREDIËNTEN:
- 5 pond kersen, ontpit
- 1-2 kopjes kristalsuiker

INSTRUCTIES:
a) Begin met het ontpitten van de kersen, met behulp van een handontpitter of de hierboven beschreven suddermethode.
b) Zodra de kersen ontpit zijn, pureer je ze tot een gladde massa.
c) Breng de puree over naar een slowcooker en kook op laag vuur gedurende 8 tot 16 uur, of totdat de kersenpuree met de helft is ingekookt en behoorlijk dik wordt.
d) Gebruik een staafmixer om het mengsel opnieuw te pureren tot het heel glad is. Voeg naar smaak suiker toe en roer tot het volledig is verdeeld en opgelost.
e) Giet de afgewerkte kersenboter in potten van een halve pint, zorg ervoor dat er bovenaan een vrije ruimte van ½ inch is.
f) Veeg de randen van de potten schoon, plaats de deksels en ringen en plaats de potten gedurende 15 minuten in een kokendwaterbad.
g) Verwijder na de verwerkingstijd de potten voorzichtig en plaats ze op een opgevouwen theedoek om af te koelen. Zodra de potten voldoende zijn afgekoeld zodat u ze comfortabel kunt hanteren, controleert u de afdichtingen.
h) Afgesloten potten kunnen maximaal een jaar bij kamertemperatuur worden bewaard. Alle niet-afgedichte potten moeten in de koelkast worden bewaard en onmiddellijk worden gebruikt.

12. Gepocheerde Kersen

INGREDIËNTEN:
- 24 ontpitte kersen
- 250 ml rode wijn
- 2 eetlepels bruine suiker
- 1 kaneelstokje
- 1 theelepel zwarte peperkorrels
- Zaadjes uit 1 vanillestokje

INSTRUCTIES:
a) Begin met het voorzichtig opwarmen van de rode wijn en de bruine suiker in een pan, al roerend tot de suiker volledig is opgelost.
b) Doe het kaneelstokje en de zwarte peperkorrels in kaasdoek, bind het stevig vast en voeg het toe aan de pan met de wijn.
c) Doe de kersen en het vanillezaad in de pan, zorg voor een goed mengsel, en breng het geheel aan de kook.
d) Blijf een paar minuten koken tot de kersen zacht worden.
e) Haal vervolgens de kersen voorzichtig met een schuimspaan uit de pan en doe ze in een kom.
f) Laat het wijnmengsel verder sudderen tot het een stroperige consistentie heeft.
g) Doe de kersen opnieuw in de pan, haal de pan van het vuur en roer goed om het fruit met de siroop te mengen.

13. Geroosterde Kersen

INGREDIËNTEN:
- 4 kopjes ontpitte kersen
- 1 eetlepel olijfolie
- ¼ theelepel fijn zeezout
- ¼ theelepel zwarte peper
- 3 eetlepels verse peterselie, fijngehakt

INSTRUCTIES:
a) Verwarm je oven voor op 450 graden en bekleed een bakvorm met bakpapier.
b) Gebruik een kersenontpitter om de pitten uit de kersen te verwijderen.
c) Meng de kersen in een kom met olijfolie, zeezout en zwarte peper tot ze goed bedekt zijn. Verdeel de voorbereide kersen op de beklede bakvorm.
d) Rooster de kersen in de voorverwarmde oven gedurende 15 minuten.
e) Haal de kersen als ze klaar zijn uit de oven en bestrooi ze met de fijngehakte verse peterselie. Gooi de kersen voorzichtig om als ze voldoende zijn afgekoeld om te hanteren.
f) Je kunt de geroosterde kersen warm eten als bijgerecht, maar je kunt ze ook maximaal vijf dagen in de koelkast bewaren om te gebruiken in salades of als lekker tussendoortje.

ONTBIJT EN BRUNCH

14.Kersen Bananenbrood

INGREDIËNTEN:
VOOR HET BANANENBROOD:
- 3 rijpe bananen, gepureerd
- ½ kopje ongezouten boter, gesmolten
- 1 kopje kristalsuiker
- 2 grote eieren
- 1 theelepel vanille-extract
- 1 ½ kopje bloem voor alle doeleinden
- ¼ kopje cacaopoeder
- 1 theelepel zuiveringszout
- ½ theelepel zout
- ½ kopje halfzoete chocoladestukjes

VOOR DE TOPPING:
- 1 kop verse kersen, ontpit en gehalveerd
- ¼ kopje kristalsuiker
- ¼ kopje water
- 1 eetlepel maizena
- Slagroom (voor serveren, optioneel)

INSTRUCTIES:
a) Verwarm uw oven voor op 175°C. Vet een broodvorm van 9x5 inch in en bebloem deze.
b) Pureer de rijpe bananen in een mengkom met een vork tot een gladde massa.
c) Klop in een aparte grote kom de gesmolten boter en de kristalsuiker samen tot ze goed gemengd zijn.
d) Voeg de eieren en het vanille-extract toe aan het boter-suikermengsel en klop tot een gladde massa.
e) Zeef in een andere kom de bloem, het cacaopoeder, het bakpoeder en het zout.
f) Voeg geleidelijk de droge ingrediënten toe aan de natte ingrediënten, roer tot ze net gemengd zijn. Niet overmixen.
g) Spatel voorzichtig de halfzoete chocoladestukjes erdoor.
h) Giet het bananenbroodbeslag in de voorbereide broodvorm.

i) Bak in de voorverwarmde oven gedurende 60-70 minuten of totdat een tandenstoker die je in het midden steekt er schoon uitkomt.
j) Terwijl het bananenbrood bakt, maak je de topping klaar. Meng in een pan de ontpitte en gehalveerde kersen, kristalsuiker en water. Breng op middelhoog vuur aan de kook.
k) Meng het maïzena in een kleine kom met een eetlepel water, zodat er een papje ontstaat. Voeg deze brij toe aan het kokende kersenmengsel en roer tot de saus dikker wordt. Haal van het vuur en laat afkoelen.
l) Zodra het bananenbrood klaar is met bakken, haal je het uit de oven en laat je het ongeveer 10 minuten in de pan afkoelen voordat je het op een rooster legt om volledig af te koelen.
m) Zodra het bananenbrood is afgekoeld, schep je de kersentopping over het brood.
n) Serveer eventueel plakjes bananenbrood met een toefje slagroom.

15. Kersen en Pistachenoten Havermout

INGREDIËNTEN:
- 2 kopjes ouderwetse haver
- 2 ¼ kopjes water
- 2 ¼ kopjes melk
- ½ theelepel zout
- ¼ theelepel nootmuskaat
- 1 eetlepel honing
- 1 eetlepel gedroogde veenbessen
- 1 eetlepel gedroogde kersen
- 1 eetlepel geroosterde pistachenoten

INSTRUCTIES:
a) Voeg alle ingrediënten toe aan de Instant Pot, behalve de veenbessen, kersen en pistachenoten.
b) Sluit het deksel van het fornuis en druk op de functietoets "Handmatig".
c) Stel de tijd in op 6 minuten en kook onder hoge druk.
d) Na de piep laat u de druk op natuurlijke wijze los en verwijdert u het deksel.
e) Roer de bereide havermout door en serveer in een kom.
f) Garneer met veenbessen, kersen en pistachenoten erop.

16. Met kersen gevulde Engelse muffin

INGREDIËNTEN:
- 2 grote eieren
- ½ kopje ongezoete vanille-amandelmelk
- 2 eetlepels ahornsiroop
- ¼ theelepel vanille-extract
- 1 theelepel gemalen kaneel
- Sap van ½ citroen
- 2 volkoren Engelse muffins, in blokjes van 1 inch gesneden
- ¼ kopje macadamianoten
- ½ kopje verse ontpitte kersen
- Ahornsiroop (optioneel)

INSTRUCTIES:
a) Verwarm uw oven voor op 375 graden F (190 graden C).
b) Vet twee schaaltjes in met antiaanbakspray en zet ze opzij.
c) Klop in een kom de eieren, amandelmelk, ahornsiroop, vanille-extract, gemalen kaneel en citroensap samen.
d) Meng in een andere kom de Engelse muffinblokjes, macadamianoten en verse kersen. Verdeel dit mengsel gelijkmatig over de twee voorbereide schaaltjes.
e) Giet het eimengsel over het Engelse muffin- en kersenmengsel in de schaaltjes.
f) Plaats de schaaltjes in de voorverwarmde oven en bak ze ongeveer 22 tot 25 minuten, of totdat de randen knapperig beginnen te worden en de wentelteefjes stevig zijn gezet.

17. Amaretto-kersenscones

INGREDIËNTEN:
- 2 kopjes All-purpose Flour
- ½ kopje suiker
- 2 theelepels bakpoeder
- ½ theelepel zout
- ½ kopje ongezouten boter, gekoeld en in blokjes
- ½ kopje gedroogde kersen, gehakt
- ¼ kopje gesneden amandelen
- ¼ kopje amaretto
- ½ kopje zware room
- 1 ei, losgeklopt

INSTRUCTIES:
a) Verwarm de oven voor op 375 ° F.
b) Meng in een grote kom de bloem, suiker, bakpoeder en zout.
c) Snijd met een deegsnijder of je vingers de boter door de droge ingrediënten totdat het mengsel op grove kruimels lijkt.
d) Roer de gedroogde kersen en de gesneden amandelen erdoor.
e) Klop in een aparte kom de amaretto, slagroom en het ei samen.
f) Giet de natte ingrediënten over de droge ingrediënten en roer tot het mengsel net samenkomt.
g) Leg het deeg op een met bloem bestoven oppervlak en kneed het voorzichtig totdat het een samenhangende bal vormt.
h) Dep het deeg in een cirkel van ongeveer 1 inch dik.
i) Snij de cirkel in 8 partjes.
j) Leg de partjes op een bakplaat bekleed met bakpapier.
k) Bestrijk de bovenkant van de scones met een beetje extra room.
l) Bak gedurende 20-25 minuten, tot ze goudbruin en gaar zijn.
m) Serveer warm met een scheutje amarettoglazuur (gemaakt met poedersuiker en amaretto).

18. Lavendelkersen Overnight Oats

INGREDIËNTEN:
- 1 kopje cashewnoten
- 2 ½ kopjes water
- ½ theelepel gedroogde culinaire lavendel
- 1 eetlepel suiker
- 1 theelepel vers citroensap
- 1 theelepel puur vanille-extract
- 1 kop gerolde haver
- 1 kop verse kersen, ontpit en gehalveerd
- 2 eetlepels gesneden amandelen

INSTRUCTIES:
a) Doe de cashewnoten en het water in een krachtige blender en pureer tot een zeer romige en gladde massa. Afhankelijk van de sterkte van je blender kan dit maximaal 5 minuten duren.
b) Voeg de lavendel, suiker, citroensap, vanille-extract en een klein snufje zout toe. Pulseer om te combineren en zeef vervolgens met een zeef of notenmelkzak.
c) Doe de cashew-lavendelmelk in een kom en roer de haver erdoor. Dek af en plaats in de koelkast en laat 4-6 uur of een hele nacht weken.
d) Om te serveren, schep de haver in twee kommen en voeg kersen en amandelen toe. Genieten!

19. Met kersen gevulde krakelingcroissant

INGREDIËNTEN:
- 2 verse krakelingcroissants
- 6 eetlepels Kwark of roomkaas
- 3 eetlepels ahornsiroop of honing
- 1 theelepel citroensap
- ½ theelepel vanille-extract
- 1 kop verse aardbeien
- ½ kopje verse kersen

INSTRUCTIES:
a) Was de aardbeien en verwijder de groene topjes. Snij ze in plakjes. Was de kersen, halveer ze en verwijder de pitjes. Meng de aardbeien en kersen in een kom met 1 eetlepel ahornsiroop en citroensap.
b) Meng in een aparte kom de kwark met 1 eetlepel ahornsiroop en het vanille-extract. Voeg voor een romigere consistentie desgewenst 1-2 eetlepels water toe aan het mengsel.
c) Snij de pretzelcroissants horizontaal doormidden. Verdeel 3 eetlepels van het vanillekwarkmengsel op de onderste helft van elke croissant.
d) Bestrijk het kwarkmengsel met het gemengde fruit en verdeel het gelijkmatig over de croissanthelften.
e) Bedek de vruchten met het bovenste deel van de croissant, waardoor een heerlijk gevulde pretzelcroissant ontstaat.
f) Als je wilt, kun je wat extra ahornsiroop of honing op de bovenste helft van de croissant sprenkelen voor extra zoetheid.
g) Serveer onmiddellijk en geniet van deze heerlijke met aardbeien en kersen gevulde pretzelcroissant voor een heerlijk ontbijt dat de smaken van de zomer in uw ochtendroutine brengt.

20. Kersenwarme chocolademelk

INGREDIËNTEN:
WARME CHOCOLADEMELK:
- 1 kopje volle melk
- 2 eetlepels kristalsuiker
- 1 ½ eetlepel ongezoet cacaopoeder
- 1 eetlepel Amarena-kersensap
- ½ theelepel puur vanille-extract
- 1/16 theelepel zeezout
- 1 ½ ounces 72% pure chocolade gehakt

TOPPINGEN:
- 4 eetlepels zware slagroom tot zachte pieken opgeklopt
- 2 Amarena-kersen
- 2 theelepels donkere chocoladekrullen

INSTRUCTIES:
a) Voeg de melk, suiker, cacaopoeder, kersensap, vanille en zout toe aan een kleine pan op middelhoog vuur en klop om te combineren.
b) Zodra het kookt, klop je de gehakte chocolade erdoor.
c) Breng aan de kook en kook tot het iets dikker is, ongeveer 1 minuut, onder voortdurend kloppen.
d) Giet het mengsel in 2 mokken en garneer elk met de helft van de slagroom, 1 kers en 1 theelepel chocoladekrullen.
e) Serveer onmiddellijk.

21.Kersen Franse Toast

INGREDIËNTEN:
- 2 sneetjes challahbrood, dik gesneden
- 2 eieren
- 3 eetlepels half en half, of melk
- 6 eetlepels suiker
- 3 eetlepels Hershey's cacao, ongezoet
- 1 theelepel vanille
- 1 theelepel kaneel, gemalen
- 1 snufje zout
- 3 eetlepels roomkaas of slagroomkaas

TOPPING VOOR FRANSE TOOST
- 1 fles Hershey's speciale donkere chocoladesiroop
- 1 potje zure kersenconserven of zure kersenjam
- 1 potje griottines (kersen in kirsch)
- 1 blik slagroom
- ¼ c halfzoete chocoladestukjes

INSTRUCTIES:
a) Neem een redelijk grote kom, waarin je een mengsel kunt bereiden waarin je toast kunt dopen.
b) Voeg je eieren toe en klop ze los. Voeg vervolgens de helft en de helft, vanille, kaneel, stevia en Hershey's cacao toe.
c) Klop deze allemaal door elkaar. Het vergt wat kloppen om de chocolade op te nemen, maar dat zal na een paar minuten wel gebeuren.
d) Verwarm de oven voor op 350 graden of gebruik een broodroosteroven.
e) Verhit olie of boter in een pan.
f) Neem nu een sneetje brood en dompel het in het mengsel om het te laten verzadigen, draai het om en pak ook de andere kant. Herhaal dit voor het andere plakje.
g) Schud het teveel af en doe het in de pan om te koken. Kook tot beide kanten mooi en knapperig bruin zijn.
h) Leg een sneetje toast op een bord en schep er royaal wat roomkaas op en garneer met wat chocoladestukjes.

i) Leg je andere sneetje toast er bovenop. Plaats nu uw 2 sneetjes toast in een ovenschaal en in de oven/of broodroosteroven gedurende ongeveer 5 minuten totdat de frieten gesmolten zijn. Verwijderen en plaat.
j) Voeg wat zure kersen toe op de toast met enkele lepels zoete vloeistof. Voeg je slagroom toe, voeg 3 of 4 Griottines en een eetlepel kirsch toe en besprenkel de Hershey's chocoladesiroop over de wentelteefjes.
k) Voeg nog een paar chocoladestukjes toe... nu ben je klaar om de meest decadente wentelteefjes te eten die je ooit hebt gehad. Geniet van elke hap!

22. Kersen-amandelpannenkoekjes

INGREDIËNTEN:
- 1½ kopjes amandelmeel
- 1 theelepel bakpoeder
- 1 theelepel zuiveringszout
- ¼ theelepel zout
- 2 grote eieren, losgeklopt
- 1 eetlepel ahornsiroop
- 1 theelepel vanille-extract
- ½ kopje ingeblikte volle kokosmelk
- ½ kopje fijngesneden zoete kersen
- ¼ kopje gesneden amandelen

INSTRUCTIES:
a) Voeg de bloem, bakpoeder, zuiveringszout en zout toe aan een kom en klop alles goed door elkaar.
b) Klop in een aparte kom de eieren, ahornsiroop, vanille en kokosmelk samen.
c) Voeg de natte ingrediënten toe aan de droge ingrediënten en klop om ze goed te combineren.
d) Klop nu de kersen en amandelen erdoor en meng tot alles goed gemengd is.
e) Laat het beslag 5 tot 10 minuten rusten. Hierdoor kunnen alle ingrediënten samenkomen en krijgt het beslag een betere consistentie.
f) Spuit een koekenpan of bakplaat met antiaanbaklaag royaal in met plantaardige olie en verwarm op middelhoog vuur.
g) Zodra de koekenpan heet is, voegt u het beslag toe met een maatbeker van ¼ kopje en giet u het beslag in de koekenpan om de pannenkoek te maken. Gebruik de maatbeker om de pannenkoek vorm te geven.
h) Kook tot de zijkanten stevig lijken en er belletjes in het midden ontstaan (ongeveer 2 tot 3 minuten) en draai de pannenkoek dan om.
i) Zodra de pannenkoek aan die kant gaar is, haal je de pannenkoek van het vuur en leg je hem op een bord.
j) Herhaal deze stappen met de rest van het beslag.

23.Brandewijn-kersenwafels

INGREDIËNTEN:
- 2 kopjes All-purpose Flour
- 2 eetlepels kristalsuiker
- 1 eetlepel bakpoeder
- ½ theelepel zout
- 2 grote eieren
- 1¾ kopjes melk
- ¼ kopje ongezouten boter, gesmolten
- 2 eetlepels cognac
- ½ kopje gehakte kersen (vers of bevroren)

INSTRUCTIES:
a) Meng in een mengkom de bloem, suiker, bakpoeder en zout.
b) Klop in een aparte kom de eieren los. Voeg de melk, gesmolten boter, cognac en gehakte kersen toe. Klop tot alles goed gemengd is.
c) Giet de natte ingrediënten bij de droge ingrediënten en roer tot ze net gemengd zijn.
d) Verwarm je wafelijzer voor en vet het licht in.
e) Giet het beslag op het voorverwarmde wafelijzer en bak volgens de instructies van de fabrikant.
f) Serveer de cognac-kersenwafels met een laagje poedersuiker en een toefje slagroom.

24. Verjaardag Kersen-Notenbrood

INGREDIËNTEN:
- 2 kopjes All-purpose Flour
- 1 theelepel bakpoeder
- ½ theelepel zuiveringszout
- ¼ theelepel zout
- ½ kopje ongezouten boter, verzacht
- 1 kopje kristalsuiker
- 2 grote eieren
- 1 theelepel vanille-extract
- ½ kopje karnemelk
- 1 kop verse of bevroren kersen, ontpit en gehalveerd
- ½ kopje gehakte walnoten

OPTIONELE GLAZUUR:
- 1 kopje poedersuiker
- 1-2 eetlepels melk
- ½ theelepel vanille-extract

INSTRUCTIES:
a) Verwarm de oven voor op 180 °C en vet een bakvorm van 23 x 15 cm in.
b) Meng in een middelgrote kom de bloem, bakpoeder, zuiveringszout en zout. Opzij zetten.
c) Klop in een grote mengkom de zachte boter en de kristalsuiker tot een licht en luchtig geheel.
d) Voeg de eieren één voor één toe en klop goed na elke toevoeging. Roer het vanille-extract erdoor.
e) Voeg geleidelijk de droge ingrediënten toe aan het botermengsel, afgewisseld met de karnemelk. Begin en eindig met de droge ingrediënten, meng tot alles net gemengd is.
f) Spatel voorzichtig de kersen en gehakte walnoten erdoor tot ze gelijkmatig door het beslag zijn verdeeld.
g) Giet het beslag in de voorbereide bakvorm en strijk de bovenkant glad met een spatel.
h) Bak in de voorverwarmde oven gedurende ongeveer 50-60 minuten, of totdat een tandenstoker die in het midden wordt gestoken er schoon uitkomt.

i) Haal het brood uit de oven en laat het ongeveer 10 minuten afkoelen in de pan. Breng het vervolgens over naar een rooster om volledig af te koelen.

OPTIONELE GLAZUUR:

j) Klop in een kleine kom de poedersuiker, de melk en het vanille-extract tot een glad en romig mengsel. Pas de consistentie aan door indien nodig meer melk toe te voegen.

k) Zodra het brood is afgekoeld, sprenkelt u het glazuur over de bovenkant, zodat het langs de zijkanten naar beneden druppelt.

25. Kersenjam Donuts

INGREDIËNTEN:
VOOR HET Doughnutdeeg
- 250 g sterk witbroodmeel
- 50 g kristalsuiker plus 100 g om te bestuiven
- 5 g gedroogde gist
- 2 eieren
- 60 g gezouten boter, gesmolten
- 2 liter zonnebloemolie

VOOR DE VULLING
- 200 g kersenjam
- 100 ml slagroom, opgeklopt

VOOR HET IJSSEL
- 100 g poedersuiker, gezeefd
- 2 eetlepels cacaopoeder, gezeefd
- 50 gram pure chocolade
- verse kersen (optioneel)

INSTRUCTIES:
a) Doe de bloem, suiker, gist, eieren en 125 ml warm water in een mixer met deeghaak of peddel en meng gedurende 5 minuten tot het deeg heel zacht is. Als je geen mixer hebt, kun je een grote kom gebruiken en met de hand kneden (dit kan tot 10 minuten duren).

b) Laat het deeg een minuut of twee rusten in de mixer of kom terwijl je de boter smelt, start dan de mixer opnieuw en voeg voorzichtig de gesmolten boter toe in een dun straaltje. Meng nog eens 5 minuten goed totdat het deeg glanzend, glad en elastisch is en loslaat van de zijkanten van de kom. Ook dit kan met de hand worden gedaan door de boter door het deeg te kneden.

c) Bedek de kom met huishoudfolie en zet op een warme plaats om 30 minuten te laten rijzen tot het volume ongeveer verdubbeld is. Eenmaal gerezen, haalt u het deeg uit de kom, legt u het op een licht met bloem bestoven oppervlak en kneedt u het gedurende 2 minuten. Doe het deeg terug in de kom, dek af met huishoudfolie en zet het een nacht in de koelkast.

d) Haal het deeg de volgende dag uit de koelkast en snijd het in 10 gelijke stukken, kneed ze elk een beetje en vorm er rondjes van.

Leg ze op een licht met bloem bestoven bakplaat, met voldoende tussenruimte, dek ze opnieuw af met licht geolied huishoudfolie en laat ze op een warme plaats 1-2 uur rijzen tot ze ongeveer verdubbeld zijn in omvang.

e) Giet de olie in een grote pan, zodat deze ongeveer halfvol is, en verwarm vervolgens met een thermometer tot 170°C, of wanneer een klein stukje brood in 30 seconden bleek goud kleurt.

f) Doe de 100 g kristalsuiker in een kom, klaar om te bestuiven, plaats de donuts vervolgens voorzichtig in de hete olie met een schuimspaan in groepjes van 2-3 en bak ze 2 minuten aan elke kant tot ze goudbruin zijn. Verwijder het met een schuimspaan en doe het direct in de kom met suiker, roer het door elkaar en plaats het op een koelrek.

g) Terwijl de donuts afkoelen, doe je de kersenjam in de ene spuitzak en de slagroom in de andere en knip je een gat van 1 cm aan het uiteinde van elke zak.

h) Neem een afgekoelde donut en maak met een scherp mes een kleine incisie aan één kant, helemaal tot aan het midden van je donut. Neem nu een theelepel en steek deze in het gat totdat de kop van de lepel het midden bereikt, draai dan de theelepel 360 graden en trek het midden van het deeg eruit; weggooien.

i) Neem de spuitzak met jam en spuit ongeveer 1 eetlepel jam in het midden. Doe hetzelfde met de room en zorg ervoor dat de donuts stevig en vol vulling zijn. Plaats ze terug op het koelrek.

j) Doe de ingrediënten voor het glazuur in een kleine kom met 2-3 eetlepels water en meng goed totdat het glazuur dik en glanzend is en de achterkant van een theelepel bedekt. Besprenkel elke donut met 1 eetlepel glazuur in een strak zigzagpatroon.

k) Schaaf vervolgens met een aardappelschiller dunne stukjes pure chocolade van de zijkant van de reep op een bord. Strooi met een theelepel het spaanders over de donuts.

l) Serveer met verse kersen.

26. Kersenbiscotti

INGREDIËNTEN:
- 2 kopjes All-purpose Flour
- 1 kopje suiker
- ½ theelepel bakpoeder
- ½ theelepel zout
- ¼ kopje boter; in kleine stukjes snijden
- 1 kopje hele amandelen; grove hak
- 1 kop Hele gekonfijte kersen
- 2 grote eieren; lichtjes geslagen
- ½ theelepel Vanille
- 1 eetlepel melk (optioneel)

INSTRUCTIES:
a) Verwarm de oven voor op 350 graden. Vet een grote bakplaat in.
b) Meng bloem, suiker, bakpoeder en zout in een kom. Snijd de boter erdoor met een deegblender tot er grove kruimels ontstaan. Roer de amandelen en kersen erdoor. Roer de eieren en vanille erdoor tot alles goed gemengd is. Als het mengsel kruimelig droog is, voeg dan melk toe.
c) Verdeel het mengsel doormidden.
d) Op een licht met bloem bestoven oppervlak, met met bloem bestoven handen, drukt u het deeg samen en vormt u er twee blokken van 25 cm van. Plat maken tot een breedte van 2-½ inch. Plaats houtblokken op de voorbereide bakplaat.
e) Bak in een oven van 350 graden gedurende 30 tot 35 minuten. Breng de houtblokken met twee spatels over naar het rek om 20 minuten af te koelen.
f) Snijd elk blok met een gekarteld mes diagonaal in plakjes van ¾ inch dik.
g) Keer terug naar de bakplaat. Bak gedurende 15 minuten of tot de koekjes knapperig zijn en stevig aanvoelen. Breng over naar een rooster om af te koelen.
h) In een luchtdichte verpakking maximaal 2 weken houdbaar.

27. Toblerone-pannenkoeken met brandewijnkersen

INGREDIËNTEN:
- 250 g Philadelphia smeerbare roomkaas
- 100 g Toblerone-melkchocolade, gesmolten en afgekoeld
- 1 pakje bevroren pannenkoeken, ontdooid
- 425 g blik ontpitte kersen op siroop
- 3 theelepels maïsmeel
- 2 eetlepels cognac of kirsch
- vanille-ijs, indien gewenst

INSTRUCTIES:

a) Klop de Philly en de chocolade samen tot een gladde en luchtige massa. Leg de pannenkoeken op een bord en bedek ze met plasticfolie

b) Verwarm in de magnetron op de hoogste stand gedurende 30-60 seconden tot de pannenkoeken zijn opgewarmd. Vouw elke crêpe dubbel, bestrijk elke helft met de chocoladeroom en vouw opnieuw zodat de crêpes in vieren worden gedeeld

c) Meng een beetje van de kersensiroop met het maïsmeel tot een pasta en voeg dit samen met de cognac toe aan de kersen. Laat in een pan sudderen tot de siroop is ingedikt. Laat afkoelen

d) Plaats 2 pannenkoeken op elk bord en besprenkel met de kersensaus. Serveer indien gewenst onmiddellijk met ijs.

28.Kersenpannenkoeken

INGREDIËNTEN:
- Chocolade pannenkoeken
- Kirsch of sherry (optioneel)
- 19 ons kersentaartvulling
- ¼ kopje kristalsuiker
- ⅛ theelepel Nootmuskaat
- Slagroom

INSTRUCTIES:
a) Bestrooi de pannenkoeken met kirsch of sherry.
b) Meng de kersentaartvulling, suiker en nootmuskaat door elkaar.
c) Schep ongeveer 2 eetlepels aan één kant van de crêpe. Rollen.
d) Reken 2 per portie. Leg op een bord met de rand naar beneden.
e) Top met slagroom.

29.Kersen koffie

INGREDIËNTEN:
- 6 ons vers gezette koffie
- 2 Eetlepels Chocoladesiroop
- 1 eetlepel Maraschino-kersensap
- Slagroom
- Geschoren chocolade
- Maraschino Kersen

INSTRUCTIES:
- Combineer koffie, chocoladesiroop en kersensap in een kopje. Goed mengen.
- Werk af met slagroom, chocoladeschaafsel en kersen of 2.

30. Kersenchocoladebroodjes

INGREDIËNTEN:
DEEG:
- 1 ½ eetlepel actieve droge gist
- 1 ¾ kopjes volle kokosmelk warm maar niet heet
- ¾ theelepel zout
- 2 ½ eetlepel olie plus meer voor het invetten van de pan
- ⅔ kopje suiker
- 4 ¼ kopjes bloem plus meer voor het werkoppervlak

VULLING:
- 2 eetlepels kokosolie
- 2 ½ kopjes verse kersen, ontpit en in tweeën gesneden
- ½ kopje suiker
- 1 theelepel vanille-extract
- snufje kaneel optioneel
- ¼ theelepel zout
- 1 kopje zuivelvrije halfzoete chocoladestukjes

IJZER:
- 2 kopjes poedersuiker
- ⅓ kopje kokosroom
- ¼ kopje cacaopoeder
- 1 theelepel vanille-extract
- snufje zout

INSTRUCTIES:
a) Los de gist in de melk op in de kom van een keukenmixer (of een grote kom) en laat het ongeveer 5 minuten staan tot het bubbelt. Roer suiker, olie en zout erdoor tot het gemengd is.
b) Voeg kopje voor kopje bloem toe totdat het deeg samenkomt en van de zijkanten van de kom begint los te trekken.
c) Bedek de kom met een vochtige handdoek of plasticfolie en zet hem op een warme plaats om te rijzen tot hij in volume verdubbeld is.
d) Maak ondertussen je vulling. Combineer kersen, boter, zout en suiker in een middelgrote pan op middelhoog vuur.

e) Breng het mengsel al roerend zachtjes aan de kook en kook 10-12 minuten tot de saus voldoende dik begint te worden om de achterkant van een lepel te bedekken.
f) Haal van het vuur, voeg vanille en kaneel toe en zet opzij. Vet een glazen pan van 30 x 25 cm in en schep een paar lepels saus van de kersen in de pan(nen).
g) Verdeel het deeg in tweeën en rol de ene helft op een licht met bloem bestoven oppervlak uit tot een rechthoek van ongeveer ¼ inch dik. Verdeel de helft van de kersenvulling in een gelijkmatige laag erover en bestrooi met een half kopje chocoladestukjes.
h) Begin vanaf het korte uiteinde en rol het op tot je een soort logboek hebt.
i) Snijd vervolgens met een scherp mes in 6 (of 7 spiralen als u een ronde pan gebruikt) en plaats deze in de voorbereide pan (spiraal naar boven). Herhaal met nog een helft van het deeg tot je 12 rollen hebt. Dek de pannen af en laat ze rijzen terwijl de oven voorverwarmt.
j) Verwarm de oven voor op 350 graden F (175 C). Bak 30-40 minuten tot de randen bruin beginnen te worden. Haal de pan(len) uit de oven en laat ze ongeveer 5 minuten afkoelen voordat u ze serveert.
k) Voor het glazuur: klop de ingrediënten in een middelgrote kom tot ze dik en glad zijn. Serveer op warme broodjes.

SNACKS

31. Met kersen gevulde chocoladetruffels

INGREDIËNTEN:
- 8 ons pure chocolade, gehakt
- ½ kopje zware room
- 12 maraschinokersen, uitgelekt en drooggedept
- Cacaopoeder om te bestuiven

INSTRUCTIES:
a) Verwarm de slagroom tot deze heet is, maar niet kookt.
b) Giet de gehakte chocolade erover en roer tot een gladde massa.
c) Plaats een maraschinokers in elke truffel.
d) Vorm balletjes, rol ze door cacaopoeder en zet in de koelkast tot ze stevig zijn.

32.Kersenrepen

INGREDIËNTEN:
- 3 blikjes van 21 ounce kersentaartvulling, verdeeld
- 18-½ ounces pkg. chocoladetaartmix
- ¼ c. olie
- 3 eieren, losgeklopt
- ¼ c. cognac met kersensmaak of kersensap
- 6-ounces pkg. halfzoete chocoladestukjes
- Optioneel: opgeklopte topping

INSTRUCTIES:

a) Zet 2 blikjes taartvulling in de koelkast tot ze gekoeld zijn. Gebruik een elektrische mixer op lage snelheid en klop het resterende blik taartvulling, het droge cakemengsel, de olie, de eieren en het cognac- of kersensap tot alles goed gemengd is.

b) Chocoladestukjes erdoor roeren.

c) Giet het beslag in een licht ingevette bakvorm van 13 x 9 inch. Bak op 350 graden gedurende 25 tot 30 minuten, totdat een tandenstoker schoon is; kil. Verdeel voor het serveren de gekoelde taartvulling gelijkmatig over de bovenkant.

d) Snijd in repen en serveer indien gewenst met opgeklopte topping. Serveert 10 tot 12.

33. Cherry Malt Bliss-cupcakes

INGREDIËNTEN:
CUPCAKES:
- 3 ½ kopjes bloem voor alle doeleinden
- 1 ¼ kopjes superfijne basterdsuiker
- 3 theelepels bakpoeder
- ½ theelepel fijn zout
- ½ kopje ongezouten boter, verzacht
- 2 grote eieren
- ¾ kopje volle melk
- ⅔ kopje kersensap van ingeblikte kersen
- ½ kopje plantaardige olie
- 2 eetlepels Griekse yoghurt of zure room
- 1 theelepel vanille-extract of vanillebonenpasta
- 250 g kersen uit blik
- Chocolade saus
- Maraschino Kersen
- 2 druppels roze voedingsgel
- 1 druppel paarse voedingsgel
- ½ theelepel kersenbrandewijnessence
- 4 eetlepels moutpoeder

GLAZUUR:
- 1 partij Fluffy Vanille Buttercream-glazuur
- 2 druppels paarse voedselkleurstof
- ½ theelepel kersenbrandewijnessence

INSTRUCTIES:
CUPCAKES:
a) Verwarm de oven voor op 160°C (320°F) of 180°C (356°F) voor een conventionele oven. Bekleed een cupcakeblik met cupcakevormpjes.
b) Combineer de droge ingrediënten (bloem, basterdsuiker, bakpoeder en zout) in de kom van een keukenmixer voorzien van het paddle-opzetstuk en meng op lage snelheid.
c) Klop in een aparte grote kan het kersensap, de melk, de eieren, de yoghurt, de olie en het vanille-extract tot alles goed gemengd is.

d) Voeg geleidelijk de natte ingrediënten toe aan de droge ingrediënten in een langzame en gestage stroom terwijl je mengt totdat er geen droge ingrediënten meer zichtbaar zijn. Schraap de kom naar beneden.
e) Voeg kersenbrandewijnessence, roze en paarse voedingskleurstof en moutpoeder toe aan het beslag en meng nog eens 20 seconden.
f) Plaats 4 kersen op de bodem van elke cupcakevorm, schep het beslag in de vormpjes en vul ze voor ongeveer ¾ van de vulling.
g) Bak gedurende 20-25 minuten of tot een tandenstoker die je in het midden steekt er schoon uitkomt. Laat de cupcakes volledig afkoelen op een draadafkoelrek voordat u ze gaat glazuren.

GLAZUUR:
h) Bereid een partij Fluffy Vanilla Buttercream-glazuur.
i) Voeg zowel de voedselkleurstoffen als de essentie van kersenbrandewijn toe aan het glazuur en meng tot alles goed gemengd is.

MONTAGE:
j) Plaats het uiteinde van een spuitzak met een open stervormig spuitmondje en spuit elke cupcake in een toefje.
k) Giet de chocoladesaus over het glazuur.
l) Frost nog een swirl bovenop met behulp van een pipingtip.
m) Beleg elke cupcake met een marasquinkers.

34. Cherry Pinwheel -shortcakes

INGREDIËNTEN:
- 2 kopjes All-purpose Flour
- ¼ kopje kristalsuiker
- 1 eetlepel bakpoeder
- ½ theelepel zout
- ½ kopje koude ongezouten boter, in blokjes gesneden
- ½ kopje melk
- 2 kopjes verse kersen, ontpit en gehalveerd
- ¼ kopje kristalsuiker (voor kersen)
- Slagroom of vanille-ijs, om te serveren

INSTRUCTIES:
a) Verwarm uw oven voor op 220°C.
b) Meng in een grote kom de bloem, suiker, bakpoeder en zout.
c) Voeg de koude boter toe aan het bloemmengsel en snijd het in met een deegsnijder of je vingers tot het mengsel op grove kruimels lijkt.
d) Giet de melk erbij en roer tot het deeg samenkomt.
e) Leg het deeg op een licht met bloem bestoven oppervlak en kneed het een paar keer voorzichtig. Rol het deeg uit tot een rechthoekige vorm, ongeveer ¼ inch dik.
f) Meng de kersen in een kom met ¼ kopje suiker tot ze bedekt zijn.
g) Verdeel de kersen gelijkmatig over het deeg. Rol het deeg strak op, beginnend bij een van de lange randen, zodat er een molenvorm ontstaat.
h) Snijd het opgerolde deeg in individuele shortcakes en plaats ze op een bakplaat bekleed met bakpapier.
i) Bak gedurende 12-15 minuten of tot ze goudbruin zijn en de kersen bubbelen.
j) Laat de shortcakes iets afkoelen voordat je ze serveert. Serveer met slagroom of vanille-ijs.

35.Kersenquinoa bar

INGREDIËNTEN:
- Anti-aanbak kookspray
- 2 eetlepels snelkokende haver
- 2 eetlepels gekookte quinoa
- 2 eetlepels fijngehakte pistachenoten
- 2 eetlepels gezoete gedroogde kersen
- 2 eetlepels plantaardige olie
- 2 eetlepels honing
- ¼ theelepel koosjer zout

INSTRUCTIES:
a) Spuit de binnenkant van een mok van 12 ounce met kookspray.
b) Meng alle ingrediënten in een kom en giet het in de mok.
c) Dek af en zet in de magnetron tot de haver gaar is, ongeveer 3 minuten.
d) Giet het hete mengsel op een stuk perkament en vorm er een rechthoekige of smalle traditionele staaf van.
e) Koel tot het koud en stevig is, 30 minuten of langer.

36.Kersenclusters van donkere chocolade

INGREDIËNTEN:
- 1 kopje romige notenboter (bijvoorbeeld amandelboter, cashewboter)
- ¼ kopje honing of ahornsiroop
- ¼ kopje gesmolten kokosolie
- 2 kopjes gerolde haver
- ½ kopje gedroogde kersen
- ½ kopje pure chocoladestukjes

INSTRUCTIES:
a) Meng in een mengkom notenboter, honing (of ahornsiroop) en gesmolten kokosolie tot alles goed gemengd is.
b) Roer de gerolde haver, gedroogde kersen en pure chocoladestukjes erdoor.
c) Schep lepels van het mengsel op een bakplaat met bakpapier of in mini-muffinvormpjes.
d) Zet minimaal 1 uur in de koelkast om op te stijven.

37. Kersenrumballetjes

INGREDIËNTEN:
- 2 kopjes gemalen vanillewafelkoekjes
- 1 kopje poedersuiker
- 1 kop gehakte walnoten
- 1 kopje gedroogde kersen, gehakt
- 2 eetlepels cacaopoeder
- ¼ kopje rum
- 2 eetlepels lichte glucosestroop
- Extra poedersuiker voor het rollen

INSTRUCTIES:
a) Meng in een grote mengkom de gemalen vanillewafelkoekjes, poedersuiker, gehakte walnoten, gedroogde kersen en cacaopoeder.
b) Voeg de rum en de lichte glucosestroop toe aan het mengsel en roer goed totdat alles goed gemengd is.
c) Neem kleine porties van het mengsel en rol ze met je handen in balletjes van 1 inch.
d) Rol de balletjes door poedersuiker zodat ze gelijkmatig bedekt zijn.
e) Leg de rumballetjes op een bakplaat bekleed met bakpapier.
f) Zet de rumballetjes minimaal 2 uur in de koelkast, of tot ze stevig zijn.
g) Eenmaal gekoeld en uitgehard, brengt u de rumballen over naar een luchtdichte verpakking voor opslag. Ze kunnen maximaal 2 weken in de koelkast worden bewaard.

38. Met donkere chocolade bedekte kersen

INGREDIËNTEN:
- 40 ons marasquinkersen met stengels, uitgelekt
- 1 ¾ kopjes gekruide rum min of meer om de kersen te bedekken
- 1 ½ kopje pure chocolade
- 1 theelepel bakvet optioneel, misschien niet nodig
- ½ kopje schuursuiker

INSTRUCTIES:
a) Giet de kersen af en bewaar het sap voor een ander doel. Het wordt niet gebruikt in dit recept, maar is geweldig voor cocktails en meer.
b) Plaats de kersen in een glazen pot van een kwart gallon of een andere container. Bestrijk volledig met gekruide rum. Sluit af en bewaar in de koelkast gedurende minimaal 24 uur, maximaal 72 uur. Hoe langer de kersen in de rum zitten, hoe sterker ze zullen smaken.
c) Giet vervolgens de in rum gedrenkte kersen af. Bewaar deze met kersen doordrenkte rum. Het is ZO goed voor cocktails. Plaats de kersen gedurende 10 minuten op lagen keukenpapier. Deze stap zorgt ervoor dat de chocoladecoating aan het fruit blijft plakken.
d) Bekleed een bakplaat of schaal met bakpapier. Doe de decoratieve suiker in een ondiepe schaal of kom.
e) Smelt de pure chocolade volgens de aanwijzingen op de verpakking. Gebruik een kleine kom die diep genoeg is om de kersen in te dopen.
f) Als de chocolade te dik is, roer dan ongeveer een theelepel bakvet erdoor tot het gesmolten is en de chocolade glad is.
g) Terwijl de chocolade warm is, dip je de kersen een voor een. Doop eerst in de chocolade en vervolgens in de suiker.
h) Plaats de ondergedompelde kersen op het voorbereide perkament. Wanneer u klaar bent met het onderdompelen van alle kersen, zet u ze in de koelkast totdat ze zijn opgesteven.

39. Kersenomzet

INGREDIËNTEN:
- 17¼ ounces pakket bevroren bladerdeeg ontdooid
- 21-ounce blikje kersentaartvulling, uitgelekt
- 1 kopje poedersuiker
- 2 Eetlepels water

INSTRUCTIES:
a) Scheid de bladerdeegvellen en snijd ze elk in 4 vierkanten.
b) Verdeel de taartvulling gelijkmatig over de vierkanten.
c) Bestrijk de randen van het deeg met water en vouw ze diagonaal dubbel.
d) Randen afdichten en krimpen met een vork. Maak met een mes een kleine spleet in de bovenkant van de omzet om te ventileren.
e) Bak op een niet-ingevette bakplaat op 400 graden gedurende 15 tot 18 minuten, tot het gepoft en goudbruin is. Laat iets afkoelen.
f) Meng poedersuiker en water; motregen over warme omzet.

40. Rum-kersenbeignets

INGREDIËNTEN:
- ½ kopje bloem voor alle doeleinden
- 2 eetlepels banketbakkerssuiker
- ¼ theelepel zout
- 1 pond kersen met stengels
- Banketbakkerssuiker
- 2 eieren; gescheiden
- 2 eetlepels Rum
- ½ kopje geklaarde boter
- ½ kopje Plantaardige olie

INSTRUCTIES:
a) Meng in een middelgrote kom de bloem, de eierdooiers, 2 eetlepels banketbakkerssuiker, rum en zout tot een glad beslag.
b) Dek af en laat 1 tot 2 uur staan.
c) Klop de eiwitten stijf en spatel ze door het beslag.
d) Verhit de boter en de plantaardige olie in een grote koekenpan tot 360 graden F. en zet het vuur laag.
e) Doop de kersen in het beslag en zet ze rechtop in de hete olie
f) Bak gedurende 3 minuten, of tot ze goudbruin zijn
g) Verwijder de kersen.
h) Doop ze in de suiker van de banketbakker en serveer.

41.Kersenpopcorn

INGREDIËNTEN:
- 2½ kwart popcorn met luchtgepofte spray met botersmaak
- 1 pakje gelatine met kersensmaak

INSTRUCTIES:
a) Doe de popcorn in een zeer grote kom en besprenkel lichtjes met olie met botersmaak.
b) Bestrooi met gelatine. Zet gedurende vijf minuten in een oven van 350 graden.
c) De gelatine lost iets op en blijft aan de popcorn plakken.

42.Kersenspoormix

INGREDIËNTEN:
- 1 kop pure chocoladestukjes
- 1 kopje gedroogde veenbessen
- 1 kopje gedroogde kersen
- 1 kopje geroosterde gezouten pinda's
- 1 kopje hele gezouten amandelen
- 1 kop gezouten geroosterde cashewnoten, geheel, geen stukjes
- 1 kopje hazelnoten, ook wel hazelnoten genoemd

INSTRUCTIES:
a) Meng alle ingrediënten in een grote mengkom en roer tot ze gelijkmatig gemengd zijn.
b) Bewaar de trailmix maximaal een maand in een luchtdichte verpakking.

43. Kersenroomsoesjes

INGREDIËNTEN:
- ½ kopje melk
- ½ kopje water
- ½ kopje boter
- 1 kopje bloem voor alle doeleinden
- 5 eieren
- 5 kopjes bevroren, ongezoete, ontpitte, zure rode kersen, ontdooid
- Water
- 1 kopje suiker
- ¼ kopje maizena
- ¼ kopje kirsch (zwarte kersenlikeur) of sinaasappelsap
- 3 druppels rode kleurstof
- 1 eetlepel vanille
- 2 ons halfzoete chocolade, gesmolten en afgekoeld
- 1 kopje slagroom, opgeklopt

INSTRUCTIES:
a) Voor slagroomsoesjes: combineer melk, water en boter in een middelgrote pan. Breng aan de kook. Voeg de bloem voor alle doeleinden in één keer toe en roer krachtig. Kook en roer tot het mengsel een bal vormt die niet scheidt. Haal de pan van het vuur. Laat het slagroommengsel 5 minuten afkoelen. Voeg de eieren één voor één toe en klop na elke toevoeging met een houten lepel tot een gladde massa.

b) Laat het deeg vallen door eetlepels op een ingevette bakplaat te stapelen, zodat u in totaal 12 slagroomsoesjes krijgt.

c) Bak in een oven van 400 graden F gedurende ongeveer 30 minuten of tot ze goudbruin zijn. Koel soezen op een rooster. Verdeel de trekjes en verwijder het zachte deeg van binnenuit.

d) Doe ondertussen voor de kersenvulling de ontdooide kersen in een zeef boven een maatbeker van 2 kopjes; Giet de kersen af en bewaar het kersensap. Voeg voldoende water toe aan het gereserveerde kersensap om 2 kopjes vloeibaar te maken; zet de kersen opzij.

e) Roer in een grote pan suiker en maizena door elkaar. Roer het kersensapmengsel, kirsch en rode kleurstof erdoor. Kook en roer op middelhoog vuur tot het dik en bruisend is. Kook en roer nog 2 minuten. Haal van het vuur; roer de vanille en kersen erdoor. Dek af en zet ongeveer 2 uur in de koelkast, of tot het volledig gekoeld is.

f) Om te assembleren, schep je de kersenvulling in de trekjes. Besprenkel de soesjes met gesmolten chocolade. Serveer met slagroom.

44. Kersenbrowniebeten

INGREDIËNTEN:
- ½ kopje ongezouten boter
- 3 ons halfzoete chocolade, gehakt
- 1 kopje kristalsuiker
- ¼ kopje cacaopoeder
- 2 eieren
- 1 theelepel vanille-extract
- ½ kopje bloem voor alle doeleinden
- ½ theelepel zout
- ¾ kopje kersentaartvulling
- ⅓ kopje 35% slagroom
- 2 eetlepels poedersuiker

INSTRUCTIES:
a) Verwarm de oven voor op 180 °C.
b) Vet een mini-muffinvorm van 24 stuks in en bestuif met cacaopoeder; opzij zetten.
c) Smelt boter en chocolade in een hittebestendige kom op nauwelijks kokend water, af en toe roeren. Haal van het vuur. Roer suiker en cacaopoeder erdoor. Iets afkoelen.
d) Roer de eieren een voor een door het chocolademengsel, tot ze goed gemengd zijn. Roer vanille erdoor. Klop in een aparte kom de bloem en het zout tot een geheel. Roer het chocolademengsel erdoor.
e) Schep gelijkmatig in de voorbereide pan. Bak gedurende 18 tot 20 minuten of totdat slechts een paar vochtige kruimels aan een tandenstoker blijven plakken wanneer deze in het midden van de brownie wordt gestoken.
f) Laat volledig afkoelen in de pan. Haal uit de pan. Wanneer u klaar bent om te serveren, klopt u de room en de poedersuiker met elektrische kloppers tot er stijve pieken ontstaan. Bestrijk elk taartje gelijkmatig met slagroom en de resterende kersentaartvulling. Serveer onmiddellijk.

45. Krokante lekkernijen met kersenwijnrijst

INGREDIËNTEN:
- 3 eetlepels boter
- 4 kopjes mini-marshmallows
- ½ kopje Pennsylvania-kersenwijn
- 5 kopjes gepofte rijstgranen
- ½ kopje gehakte gedroogde kersen
- ¼ kopje halfzoete chocoladestukjes

INSTRUCTIES:
a) Bekleed een bakplaat met bakpapier. Besproei met bakolie.
b) Smelt de boter in een middelgrote pan op middelhoog vuur. Voeg marshmallows toe en roer tot ze gesmolten zijn.
c) Haal van het vuur en voeg wijn en ontbijtgranen toe. Meng tot het net gemengd is en de marshmallow wordt verdeeld.
d) Voeg gedroogde kersen en chocoladestukjes toe en meng tot ze volledig zijn opgenomen. Giet het in een voorbereide bakvorm, dek af met bakpapier en laat afkoelen. Snijd en serveer.

46. Kersenenergieballen

INGREDIËNTEN:
- 200 g ontpitte dadels
- 1 kopje gemalen amandelen
- ¾ kopje gedroogde kokosnoot
- ½ kopje gerolde haver
- 2 eetlepels cacaopoeder
- 2 eetlepels kokosolie
- 1 eetlepel ahornsiroop
- 20 g hele gevriesdroogde kersen, verkruimeld

INSTRUCTIES:
a) Breng een volle ketel aan de kook
b) Doe de dadels in een middelgrote hittebestendige kom en bedek met kokend water. Laat ongeveer 10 minuten staan, tot het zacht begint te worden. Goed laten uitlekken.
c) Combineer gemalen amandelen, gedroogde kokosnoot, havermout en cacaopoeder in een blender met geweekte dadels, kokosolie en ahornsiroop. Meng gedurende 2-3 minuten, tot een gladde massa.
d) Rol het mengsel met schone, vochtige handen in balletjes ter grootte van een eetlepel en plaats deze op een bord/schaal. Zet ongeveer 30 minuten in de koelkast om op te stijven.
e) Verkruimel de gevriesdroogde kersen met schone, droge handen op een bord. Rol de energiebolletjes lichtjes door de kersencrumble.

47. Kersenkoekjes

INGREDIËNTEN:
- 2 ¼ kopjes Bloem voor alle doeleinden
- ½ kopje Nederlandse cacaopoeder
- ½ theelepel bakpoeder
- ½ theelepel zuiveringszout
- 1 theelepel zout
- 1 kopje ongezouten boter gesmolten en afgekoeld
- ¾ kopje bruine suiker, licht of donker verpakt
- ¾ kopje witte kristalsuiker
- 1 theelepel puur vanille-extract
- 2 Grote eieren op kamertemperatuur
- 1 kop Witte chocoladestukjes
- ½ kopje halfzoete chocoladestukjes
- 1 kop Verse kersen Gewassen, ontpit en in vieren gesneden

INSTRUCTIES:
a) Smelt de boter in de magnetron en laat het 10-15 minuten afkoelen tot het op kamertemperatuur is. Maak de kersen klaar en snijd ze in kleine kwartjes.
b) 1 kopje ongezouten boter, 1 kopje verse kersen
c) Verwarm de oven voor op 350 ° F. Bekleed twee bakplaten met bakpapier. Opzij zetten.
d) Meng de bloem, cacaopoeder, bakpoeder, zuiveringszout en zout in een middelgrote kom. Opzij zetten.
e) 2 ¼ kopjes bloem, ½ kopje ongezoet cacaopoeder, ½ theelepel bakpoeder, ½ theelepel zuiveringszout, 1 theelepel zout
f) Voeg in een grote kom gesmolten boter, bruine suiker, suiker, vanille en eieren toe. Gebruik een rubberen spatel om te mengen tot een gladde massa.
g) 1 kopje ongezouten boter, ¾ kopje bruine suiker, ¾ kopje witte kristalsuiker, 1 theelepel puur vanille-extract, 2 grote eieren
h) Voeg de droge ingrediënten toe en mix tot alles gemengd is. Het wordt een zacht deeg. Voeg de witte chocoladestukjes, chocoladestukjes en verse kersen toe.
i) 1 kopje witte chocoladestukjes, ½ kopje halfzoete chocoladestukjes, 1 kopje verse kersen

j) Gebruik een grote koekjesschep (3-ounce koekjesschep) om het deeg te scheppen. Plaats 6 koekjesdeegballetjes per bakplaat.
k) Bak één bakplaat per keer. Bak gedurende 13-15 minuten. Terwijl het warm is, garneer met extra chocoladestukjes en witte chocoladestukjes.
l) Laat het koekje 10 minuten in de hete pan liggen. Breng het vervolgens over naar een koelrek om af te koelen.

48. Krokante lekkernijen met kersenwijnrijst

INGREDIËNTEN:
- 3 eetlepels boter
- 4 kopjes mini-marshmallows
- ½ kopje Pennsylvania-kersenwijn
- 5 kopjes gepofte rijstgranen
- ½ kopje gehakte gedroogde kersen
- ¼ kopje halfzoete chocoladestukjes

INSTRUCTIES:
a) Bekleed een bakplaat met bakpapier. Besproei met bakolie.
b) Smelt de boter in een middelgrote pan op middelhoog vuur. Voeg marshmallows toe en roer tot ze gesmolten zijn.
c) Haal van het vuur en voeg wijn en ontbijtgranen toe. Meng tot het net gemengd is en de marshmallow wordt verdeeld.
d) Voeg gedroogde kersen en chocoladestukjes toe en meng tot ze volledig zijn opgenomen. Giet het in een voorbereide bakvorm, dek af met bakpapier en laat afkoelen. Snijd en serveer.

NAGERECHT

49. Kersencheesecake met een rood spiegelglazuur

INGREDIËNTEN:
VOOR DE CHEESECAKE:
- 150 g kersen, ontpit, plus een extra hele kers voor garnering
- Sap van ½ citroen
- 150 g kristalsuiker
- 300 g witte chocolade, in stukjes gebroken
- 600 g Philadelphia-roomkaas, op kamertemperatuur
- 300 ml room, op kamertemperatuur
- 1 theelepel vanille-extract

VOOR DE BASIS:
- 75 g ongezouten boter, gesmolten, plus extra om in te vetten
- 175 g spijsverteringskoekjes

VOOR HET GLAZUUR:
- 4 blaadjes gelatine van platinakwaliteit (Dr. Oetker)
- 225 g kristalsuiker
- 175 ml slagroom
- 100 g witte chocolade, fijngehakt
- 1 theelepel rode kleurstofgel

INSTRUCTIES:
BEREIDING VAN DE CHEESECAKE:

a) Vet de bodem en zijkanten van een springvorm van 20 cm doorsnee licht in. Maak de bodem los en leg er een cirkel bakpapier van 30 cm breed op.

b) Bevestig de gevoerde bodem weer in het blik en zorg ervoor dat het overtollige papier eronder uitsteekt, zodat u het gemakkelijk kunt serveren. Bekleed de zijkanten met een strook bakpapier.

c) Meng in een keukenmachine de kersen, het citroensap en 75 g basterdsuiker.

d) Mix tot het redelijk glad is. Breng het mengsel over in een middelgrote pan, breng aan de kook, zet het vuur laag en laat het 4-5 minuten koken tot het dik en stroperig is. Laat het volledig afkoelen.

DE BASIS CREËREN:

e) Vermaal de spijsverteringskoekjes in een schone kom van de keukenmachine tot ze op fijn broodkruim lijken. Doe het in een mengkom en meng de gesmolten boter erdoor.

f) Druk het mengsel in de voorbereide vorm, zodat een stevige, gelijkmatige bodem ontstaat. Zet minimaal 20 minuten in de koelkast.

BEREIDING VAN DE CHEESECAKE-VULLING:
g) Smelt de witte chocolade in een hittebestendige kom boven kokend water. Zet opzij om af te koelen tot kamertemperatuur terwijl het nog gietbaar is.
h) Klop de roomkaas in een grote mengkom tot een gladde massa. Voeg de room, de resterende basterdsuiker en het vanille-extract toe. Klop tot het iets dikker is. Spatel de afgekoelde witte chocolade erdoor.
i) Giet de helft van het roomkaasmengsel over de gekoelde bodem. Schep de kersenjam erover en draai deze met een spiesje door de vulling. Giet het resterende roomkaasmengsel over de jam en zorg ervoor dat de bovenkant glad is. Tik op het blik om luchtbellen te verwijderen en zet het minimaal 4 uur in de koelkast totdat het stevig is geworden.

HET SPIEGELGLAZEREN MAKEN:
j) Week de gelatineblaadjes een paar minuten in een kom met koud water.
k) Meng in een pan de suiker en 120 ml vers gekookt water. Verwarm op een zacht vuur en roer tot de suiker is opgelost. Breng aan de kook en laat 2 minuten koken. Roer de room erdoor en laat nog 2 minuten koken. Haal van het vuur, knijp het overtollige water uit de geweekte gelatineblaadjes en voeg ze toe aan de room, roer tot ze zijn opgelost.
l) Laat het roommengsel 4-5 minuten afkoelen. Roer de witte chocolade erdoor. Voeg de rode kleurstofgel toe en meng tot alles goed is opgenomen.
m) Giet het glazuur door een zeef in een grote kom. Laat het 15-20 minuten afkoelen tot het op kamertemperatuur is, onder af en toe roeren om huidvorming te voorkomen. Het glazuur moet een consistentie hebben zoals dubbele room.

GLAZEREN VAN DE CHEESECAKE:
n) Haal de cheesecake voorzichtig uit de vorm, verwijder het bakpapier en plaats hem op een rooster met een bakplaat

eronder. Laat een heet paletmes over het oppervlak glijden om het glad te maken en giet vervolgens tweederde van het afgekoelde glazuur eroverheen om het volledig te bedekken. Zet 10 minuten in de koelkast om op te stijven.

o) Verwarm indien nodig het resterende glazuur en zeef het opnieuw voordat u een tweede laag op de cheesecake aanbrengt. Bestrijk met een kers en zet 5-10 minuten in de koelkast tot het stevig is. Serveer direct vanuit het rooster of breng het over op een bord met een paletmes of cakelifter. Genieten!

50.Crunchtaart met kersen-hazelnoot

INGREDIËNTEN:
- ½ pak (10 ounces) taartbodemmix
- ¼ kopje Verpakte lichtbruine suiker
- ¾ kopje geroosterde hazelnoten, gehakt
- 1 ounce Halfzoete chocolade geraspt
- 4 theelepels Water
- 1 theelepel vanille
- 8 ons rode marasquinkersen
- 2 theelepels maizena
- ¼ kopje water
- 1 scheutje zout
- 1 eetlepel Kirsch (optioneel)
- 1 liter Vanille-ijs

INSTRUCTIES:
a) Combineer (½ pakket) taartbodemmix met suiker, noten en chocolade met behulp van een deegblender. Meng water met vanille.
b) Strooi het kruimelmengsel erover en meng tot het goed gemengd is. Verander in een goed ingevette 9-inch taartplaat; druk het mengsel stevig tegen de bodem en zijkant.
c) Bak in een oven van 375 gedurende 15 minuten. Koel op rek.
d) Dek af en laat enkele uren of een nacht staan. Giet de kersen af, bewaar de siroop. Kersen grof hakken.
e) Meng de siroop met maizena, ¼ kopje water en zout in een pan; kersen toevoegen. Kook op laag totdat het helder is. Haal van het vuur en laat grondig afkoelen.
f) Voeg Kirsch toe en laat afkoelen. Schep het ijs in de taartvorm. Giet het kersenglazuur over de taart en serveer onmiddellijk.

51. van kersen, rabarber en meloen

INGREDIËNTEN:
- 400 gram rabarber, in stukjes gesneden
- 150 ml kristalsuiker
- 150 ml witte wijn
- 500 gram meloen diverse soorten, tot balletjes gevormd
- 200 g verse kersen, gehalveerd, pitjes verwijderd
- 120 g frambozen
- Verse muntblaadjes
- Citroenstokjes (voor serveren)

INSTRUCTIES:
a) Meng de rabarberstukjes in een pan met de kristalsuiker en de witte wijn. Verwarm het mengsel op laag vuur, zodat de rabarber zachtjes zacht wordt en smelt.
b) Haal de pan van het vuur en laat het rabarbermengsel afkoelen. Laat het afkoelen in de koelkast.
c) Terwijl het rabarbermengsel afkoelt, maak je de meloen klaar door er balletjes van te maken of in hapklare stukjes te snijden.
d) Zodra het rabarbermengsel is afgekoeld, voeg je de voorbereide meloen, frambozen, kersen en fijngehakte muntblaadjes toe aan de pan.
e) Meng alles voorzichtig.
f) Zet de salade terug in de koelkast en laat hem een paar uur afkoelen, zodat de smaken zich kunnen vermengen.
g) Wanneer u klaar bent om te serveren, verdeelt u de salade in kleine kommen en garneer elke portie met verse muntblaadjes.
h) Serveer de rabarber-meloensalade met citroenstokjes apart voor een verfrissende toets.
i) Geniet van deze heerlijke en verfrissende rabarber-meloensalade!

52. Amaretto-ijs met kersen en bosbessen

INGREDIËNTEN:
- 2 eetlepels suiker
- 2 eetlepels Amaretto
- 2 ½ kopjes verse Bing-kersen, ontpit
- ½ kopje verse bosbessen
- 2 eetlepels maïszetmeel
- 2 kopjes half om half, verdeeld
- ⅔ kopje suiker
- 1 eetlepel Amaretto
- ¼ theelepel zout

INSTRUCTIES:
a) Combineer suiker, Amaretto, kersen en bosbessen in een middelgrote kom. Laat 30-45 minuten staan, af en toe roeren. Voeg het fruit met het sap toe aan een middelgrote pan en kook op middelhoog vuur, onder regelmatig roeren, tot het zacht is, ongeveer 15 minuten. Laat het fruit iets afkoelen, doe het in een keukenmachine en pureer tot het bijna glad is, zodat er een beetje textuur overblijft. Zet ⅓ kopje fruitmengsel opzij om in ijs te laten draaien; doe het resterende fruitmengsel terug in de pan.

b) Klop maizena en 3 eetlepels half en half samen in een kleine kom; opzij zetten. Voeg de resterende helft en de helft, suiker, Amaretto en zout toe aan een pan met fruitmengsel; breng op middelhoog vuur onder voortdurend kloppen aan de kook. Klop het maïszetmeelmengsel erdoor. Breng opnieuw aan de kook en kook nog 1 tot 2 minuten, al roerend tot het dikker wordt. Haal van het vuur en laat afkoelen tot kamertemperatuur, dek af en zet 6 uur in de koelkast.

c) Giet het gekoelde ijsmengsel in de bevroren cilinder van de ijsmachine; bevriezen volgens de aanwijzingen van de fabrikant . Schep de helft van het ijsmengsel in een diepvriescontainer, bedek met klodders fruitmengsel en herhaal. Draai de lagen door elkaar met een houten spies. Vries het mengsel een nacht in tot het stevig is.

53.Kersenmelkkruimel

INGREDIËNTEN:
- 1 portie Melkkruim
- ½ kopje gevriesdroogd kersenpoeder
- ¼ kopje gevriesdroogd bosbessenpoeder
- 0½ g koosjer zout [⅛ theelepel]

INSTRUCTIES:
a) Meng de melkkruimels met de bessenpoeders en het zout in een middelgrote kom tot alle kruimels gelijkmatig rood en blauw gespikkeld zijn en bedekt zijn met het bessenpoeder.

b) De kruimels zijn in een luchtdichte verpakking in de koelkast of vriezer maximaal 1 maand houdbaar.

54. Kersenparfait

INGREDIËNTEN:
- 3 ons Neufchatel-roomkaas
- 2 kopjes koude magere melk
- 3 ons pakket Jell-O suikervrije instant chocoladepudding
- 1 eetlepel maïszetmeel
- ⅓ kopje kersensap
- 1 blik Roodzure ontpitte kersen
- 1 pond water
- 6 pakjes Gelijke zoetstof

INSTRUCTIES:
a) Meng de roomkaas met ¼ kopje melk op lage snelheid van een elektrische mixer tot een gladde massa. Voeg de resterende melk en het puddingmengsel toe. Meng gedurende 1 of 2 minuten of tot een gladde massa.
b) Meng maizena in kersensap tot het is opgelost. Voeg toe aan de kersen en kook tot het 1 minuut kookt.
c) Haal van het vuur en roer Equal erdoor.
d) Schep afwisselend pudding en kersen in parfaitschotels en eindig met pudding. Garneer met 2 kersen.

55. Kersencrème Dacquoise

INGREDIËNTEN:
VOOR DE DACQUOISE:
- 180 g poedersuiker
- 160 g amandelmeel
- 6 grote eiwitten
- Een snufje zout
- ½ theelepel wijnsteencrème
- 60 g kristalsuiker

VOOR DE VULLING:
- 200 g verse of bevroren en ontdooide donkere kersen zonder pit
- 120 g kristalsuiker
- ¾ kopje water
- 1 theelepel citroensap
- 500 ml (2 kopjes) room

VOOR DE TOPPING:
- 30 g pure chocolade
- Poedersuiker

INSTRUCTIES:

a) Maak eerst de dacquoise: Verwarm de oven voor op 130°C (hetelucht indien mogelijk)/250°F/gas ½. Beboter de onderkant van je grootste bakplaat en plak er een vel bakpapier op.

b) Teken drie cirkels, elk met een diameter van 20 cm, op het perkament. Je kunt ook voorgesneden perkamentrondjes gebruiken. Als drie cirkels niet passen, gebruik dan twee bakjes.

c) Roer de poedersuiker en het amandelmeel door elkaar in een kom. Klop de eiwitten met een snufje zout schuimig, voeg de wijnsteenroom toe en klop tot zachte pieken. Voeg de basterdsuiker toe in drie of vier porties, onder voortdurend kloppen, tot je een zachte meringue hebt.

d) Giet het amandelsuikermengsel over de meringue en spatel het erdoor. Doe het mengsel in een spuitzak met grote gladde spuitmond of in een diepvrieszak en snij een hoek van 1½ cm af.

e) Spuit het mengsel op de gemarkeerde cirkels, beginnend vanuit het midden van elke cirkel in een spiraalvorm. Stuur het naar de oven en bak gedurende 1 uur en 30 minuten. Als je twee bakplaten hebt, verwissel ze dan halverwege om een gelijkmatige baktijd te garanderen. Schakel de oven uit en laat de dacquoise nog eens 1 uur en 30 minuten of een hele nacht erin staan. Trek het perkament eraf.

f) Terwijl de dacquoises bakken, bereidt u de kersen voor: doe ze in een grote pan met de suiker, het water en het citroensap en breng aan de kook. Laat ze 30 minuten krachtig koken; roer zachtjes tegen het einde van de kooktijd om te controleren of de kersen niet aan de bodem blijven hangen. Haal de pan van het vuur en laat afkoelen.

g) Klop de slagroom tot zachte pieken. Vouw de kersen erdoor, uitgerekt met een schuimspaan en bewaar er een aantal voor decoratie (de siroop kan worden gebruikt in drankjes of over ijs).

h) Plaats een dacquoiseschijf op een taartschaal of standaard, met de platte kant naar beneden.

i) Verdeel de helft van de kersencrème erover en dek af met een andere schijf, met de platte kant naar boven.

j) Verdeel de overgebleven crème erover en bestrijk deze met het laatste schijfje (reserveer hiervoor het mooiste schijfje). Bestrooi met poedersuiker en versier met kersen.

k) Smelt de pure chocolade au bain-marie of in de magnetron op laag vermogen. Druppel dit met een vork over de bovenkant van de cake.

l) Zet het minstens 2 uur in de koelkast voordat je het serveert, zodat de crème de dacquoise wat zachter maakt.

m) In de koelkast is hij 2-3 dagen houdbaar, maar de dacquoiselagen worden nog zachter.

56. Cappuccino Bosbessen knapperig

INGREDIËNTEN:
- 4 kopjes verse of bevroren bosbessen
- 2 eetlepels oploskoffiekorrels
- ½ kopje kristalsuiker
- 1 kop ouderwetse haver
- ½ kopje bloem voor alle doeleinden
- ½ kopje verpakte bruine suiker
- ½ kopje ongezouten boter, koud en in blokjes
- ½ theelepel gemalen kaneel
- Een snufje zout

INSTRUCTIES:
a) Verwarm uw oven voor op 175°C (350°F) en vet een ovenschaal van 9x9 inch in.
b) Los de oploskoffiekorrels op in 2 eetlepels heet water en zet opzij.
c) Meng de bosbessen en het opgeloste koffiemengsel in een grote kom. Gooi om te coaten.
d) Meng in een aparte kom de kristalsuiker, gemalen kaneel en een snufje zout. Strooi dit mengsel over de bosbessen en schep om.
e) Breng het bosbessenmengsel over naar de voorbereide ovenschaal.
f) Meng in een kom de ouderwetse haver, bloem voor alle doeleinden, bruine suiker en koude blokjes boter. Meng tot kruimelig.
g) Strooi het havermengsel gelijkmatig over de bosbessen.
h) Bak gedurende 35-40 minuten of tot de topping goudbruin is en de bosbessen borrelen.
i) Laat het iets afkoelen voordat je het serveert. Geniet van je cappuccino-bosbessenkrokant!

57.Kersenbavarois

INGREDIËNTEN:
- 1 kop pure chocolade, gesmolten
- ½ kopje kersenjam
- 2 theelepels gelatine
- 3 eetlepels koud water
- 2 kopjes slagroom, opgeklopt
- Slagroom en marasquinkersen ter garnering

INSTRUCTIES:
a) Los de gelatine op in koud water en laat een paar minuten bloeien.
b) Meng in een pan gesmolten pure chocolade en kersenjam. Verwarm op laag vuur tot alles goed gemengd is.
c) Roer de opgeloste gelatine door het chocolade-kersenmengsel.
d) Laat het mengsel afkoelen tot kamertemperatuur.
e) Spatel voorzichtig de slagroom erdoor.
f) Giet de helft van het chocolade-kersenmengsel in serveerglazen of -vormpjes.
g) Voeg een toefje slagroom en een maraschinokers toe.
h) Bestrijk met het resterende chocolade-kersenmengsel.
i) Zet minimaal 4 uur in de koelkast of tot het is uitgehard.

58. Kersentaart ondersteboven

INGREDIËNTEN:
TOPPING:
- ¼ kopje margarine
- ½ kopje suiker
- 2 kopjes zure kersen

CAKE PORTIE:
- 1 ½ kopjes bloem
- ½ kopje suiker
- 2 theelepels bakpoeder
- ½ theelepel zout
- 1 ei
- ½ kopje melk
- 3 eetlepels bakvet, gesmolten

INSTRUCTIES:
a) Verwarm uw oven voor op 400 graden Fahrenheit (200 graden Celsius).
b) Smelt de ¼ kop margarine in een pan van 9 inch.
c) Voeg de zure kersen gemengd met het ½ kopje suiker toe aan de gesmolten margarine in de pan en verdeel ze gelijkmatig.
d) Om de cakeportie te maken, meng je de bloem, ½ kopje suiker, bakpoeder en zout in een kom.
e) Voeg het losgeklopte ei, de melk en het gesmolten bakvet toe aan de droge ingrediënten en roer tot alles goed gemengd is.
f) Giet het cakebeslag gelijkmatig over de kersen en suiker in de pan.
g) Bak de cake ongeveer 30 minuten in de voorverwarmde oven, of totdat een tandenstoker die je in het midden steekt er schoon uitkomt.
h) Draai de cake ONMIDDELLIJK na het bakken om op een serveerschaal, zodat de kersentopping nu bovenop de cake ligt.
i) Serveer de Cherry Upside-Down Cake warm en geniet van de heerlijke smaken van de zoete kersen en malse cake!

59. Kersen-amandelpot de crème

INGREDIËNTEN:
- 2 kopjes zware room
- ½ kopje kristalsuiker
- 6 grote eierdooiers
- 1 theelepel amandelextract
- 1 kop verse kersen, ontpit en gehalveerd
- Gesneden amandelen en verse kersen voor garnering

INSTRUCTIES:
a) Verwarm de slagroom en de suiker in een pan tot het begint te koken.
b) Roer de gehalveerde verse kersen erdoor.
c) Haal van het vuur en laat het 15 minuten trekken.
d) Klop in een aparte kom de eierdooiers en het amandelextract tot een gladde massa.
e) Giet het hete, met kersen doordrenkte roommengsel langzaam bij de eierdooiers terwijl u voortdurend blijft kloppen.
f) Giet het mengsel in individuele potjes de creme kopjes en zet het minimaal 4 uur in de koelkast voordat je het serveert.
g) Garneer met gesneden amandelen en verse kersen voor het serveren.

60.Kersenbrownietaart

INGREDIËNTEN:
- 1 doos browniemix (plus de benodigde ingrediënten)
- 1 blikje kersentaartvulling
- ½ kopje halfzoete chocoladestukjes
- Slagroom, voor de topping

INSTRUCTIES:
a) Verwarm de oven voor volgens de instructies op de browniemixverpakking en bereid het browniebeslag zoals aangegeven.
b) Verdeel de helft van het browniebeslag gelijkmatig op de bodem van een ingevette of beklede taartvorm van 9 inch.
c) Giet de kersentaartvulling over het browniebeslag.
d) Strooi de halfzoete chocoladestukjes over de kersentaartvulling.
e) Verdeel de resterende helft van het browniebeslag over de kersentaartvulling en chocoladestukjes.
f) Bak volgens de instructies op de browniemixverpakking, meestal ongeveer 30-35 minuten.
g) Laat de brownietaart volledig afkoelen voordat je hem aansnijdt.
h) Serveer met slagroom erbovenop.

61. Kersen schoenmaker

INGREDIËNTEN:
- ¼ kopje bevroren kersen
- 1 eetlepel kristalsuiker
- 2 eetlepels bloem voor alle doeleinden
- 1 eetlepel boter

INSTRUCTIES:
a) Meng in een magnetronbestendige mok de bevroren kersen, kristalsuiker, bloem voor alle doeleinden en boter.
b) Meng de ingrediënten goed totdat de kersen bedekt zijn met het bloem- en suikermengsel.
c) Zet de mok ongeveer 1-2 minuten in de magnetron op hoog vermogen, of totdat de schoenmaker gaar is en de kersen borrelen. De exacte kooktijd kan variëren afhankelijk van het wattage van je magnetron, houd deze dus goed in de gaten.
d) Haal de mok voorzichtig uit de magnetron (deze kan heet zijn) en laat de schoenmaker een minuut of twee afkoelen voordat je hem serveert.
e) Je kunt van de Cherry Cobbler genieten zoals hij is, of je kunt hem serveren met een bolletje vanille-ijs of een klodder slagroom voor extra verwennerij.
f) Pak een lepel en graaf in de warme en fruitige Cherry Cobbler!

62. Vla taart

INGREDIËNTEN:
- 2 kopjes graham crackerkruimels
- ½ kopje ongezouten boter, gesmolten
- 2 (8-ounce) pakjes roomkaas, verzacht
- 1 kopje poedersuiker
- 1 theelepel vanille-extract
- 1 kopje zware room, opgeklopt
- 1 (21 ounce) blikje kersentaartvulling

INSTRUCTIES:
a) Meng in een middelgrote kom de crackerkruimels van Graham en de gesmolten boter. Meng totdat de kruimels gelijkmatig bedekt zijn met boter.
b) Druk het kruimelmengsel in de bodem van een 9-inch springvorm, waardoor een gelijkmatige laag ontstaat. Zet de pan in de koelkast om af te koelen terwijl je de vulling klaarmaakt.
c) Klop de roomkaas in een grote mengkom glad en romig.
d) Voeg de poedersuiker en het vanille-extract toe aan de roomkaas en blijf kloppen tot alles goed gemengd is.
e) Spatel voorzichtig de slagroom erdoor.
f) Giet het roomkaasmengsel over de gekoelde korst in de springvorm en verdeel het gelijkmatig.
g) Schep de kersentaartvulling over het roomkaasmengsel en spreid het uit zodat er een laag ontstaat.
h) Bedek de pan met plasticfolie en zet hem minimaal 4 uur of een hele nacht in de koelkast om op te stijven.
i) Eenmaal uitgehard, verwijdert u de zijkanten van de springvorm en snijdt u de cake in plakjes om te serveren. Geniet van de heerlijke no-bake kersenvlacake!

63. Citroen-kersen-notenmousse

INGREDIËNTEN:
- ½ kopje Hele natuurlijke amandelen
- 1 Envelop niet-gearomatiseerde gelatine
- 3 eetlepels Citroensap
- 1 kopje kristalsuiker; verdeeld
- 1 blikje (12 ounces) verdampte melk
- 1 blik (21 ounces) kersentaartvulling en topping
- 2 theelepels Geraspte citroenschil
- ¼ theelepel Amandelextract
- 4 eiwitten

INSTRUCTIES:
a) Verdeel de amandelen in een enkele laag op een bakplaat. Bak in een oven verwarmd tot 350 graden gedurende 12-15 minuten, af en toe roeren, tot het licht geroosterd is. Koel en hak fijn.

b) Strooi gelatine over 3 eetlepels water in een kleine, zware pan. Laat 2 minuten staan totdat de gelatine water heeft opgenomen.

c) Roer het citroensap en ½ kopje suiker erdoor; roer het mengsel op laag vuur tot de gelatine en de suiker volledig zijn opgelost en de vloeistof helder is.

d) Giet de verdampte melk in een grote mengkom; roer de kersentaartvulling, citroenschil en amandelextract erdoor. Roer het opgeloste gelatinemengsel erdoor en meng grondig.

e) Laat afkoelen tot het mengsel dik en puddingachtig van consistentie is.

f) Klop de eiwitten licht en schuimig. Voeg geleidelijk de resterende suiker toe.

g) Blijf kloppen tot er stijve meringue ontstaat. Vouw de meringue door het kersenmengsel. Spatel voorzichtig de gehakte amandelen erdoor.

h) Schep de mousse in 8 serveerschalen. Dek af en laat minimaal 2 uur of een nacht afkoelen voordat u het serveert.

64. Kersenmousse

INGREDIËNTEN:
- 6 grote eieren, gescheiden
- ½ kopje suiker
- ¼ kopje plus 2 eetlepels water
- 3½ pint zware room
- 3½ kopje taart of zoete kersen, gepureerd

INSTRUCTIES:
a) Plaats het eiwit in de koelkast en de dooiers in een grote roestvrijstalen kom en zet opzij.

b) Meng de suiker en het water in een zware pan. Meng tot het is opgelost en plaats op hoog vuur. Kook gedurende 2 tot 3 minuten. Als het helder is en de suiker volledig is opgelost, haal je het van het vuur en klop je snel de eierdooiers erdoor. Klop dit mengsel met een handmixer op hoge snelheid gedurende 5 tot 8 minuten of tot het stijf en glanzend is. Opzij zetten.

c) Klop de room tot er stijve pieken ontstaan en zet opzij. Klop de eiwitten stijf, zodat er pieken ontstaan en zet opzij.

d) Voeg de gepureerde kersen toe aan het eigeelmengsel en meng goed. Spatel de slagroom erdoor en vervolgens het eiwit. Giet het in individuele serveerschalen of een grote kom en laat het minimaal 2 uur, of langer indien mogelijk, snel in de koelkast staan. Serveer met slagroom of nootjes als garnering.

65. Dubbele kersen Semifreddo

INGREDIËNTEN:
- 1 kop verse kersen, ontpit en gehalveerd
- 1 kopje marasquinkersen, uitgelekt en gehalveerd
- ½ kopje kristalsuiker
- 1 eetlepel citroensap
- 4 grote eieren, gescheiden
- ½ kopje kristalsuiker
- 1 theelepel vanille-extract
- 1 ½ kopjes zware room
- ½ kopje amandelmeel (optioneel)
- Verse muntblaadjes, voor garnering (optioneel)

INSTRUCTIES:
a) Meng in een pan de verse kersen, marasquinkersen, kristalsuiker en citroensap. Kook op middelhoog vuur, af en toe roerend, tot de kersen hun sappen vrijgeven en de suiker is opgelost. Dit duurt ongeveer 10 minuten. Haal van het vuur en laat het volledig afkoelen.
b) Zodra het kersenmengsel is afgekoeld, doe je het in een blender of keukenmachine en mix je het tot een gladde massa. Opzij zetten.
c) Klop in een mengkom de eierdooiers, kristalsuiker en vanille-extract tot het dik en bleek is.
d) Klop in een aparte kom de slagroom tot er zachte pieken ontstaan.
e) Spatel de slagroom voorzichtig door het eigeelmengsel tot alles goed gemengd is.
f) Voeg indien gewenst het amandelmeel toe om wat textuur aan de semifreddo te geven.
g) Giet de helft van het semifreddo-mengsel in een broodvorm of een diepvriescontainer.
h) Schep de helft van de kersenpuree op het semifreddo-mengsel in de pan. Gebruik een mes of een spies om de puree door het roommengsel te draaien.
i) Giet de resterende helft van het semifreddo-mengsel over de kersenwerveling.
j) Schep de resterende kersenpuree erop en roer deze door het roommengsel.

k) Bedek de pan met plasticfolie en vries minimaal 6 uur of een hele nacht in de vriezer tot hij stevig is.
l) Wanneer u klaar bent om te serveren, haalt u de semifreddo uit de vriezer en laat u hem een paar minuten op kamertemperatuur staan, zodat hij iets zachter wordt.
m) Garneer eventueel met verse muntblaadjes.
n) Snijd de semifreddo in plakjes en serveer onmiddellijk.
o) Geniet van de heerlijke Double Cherry Semifreddo!

66.Taart Cherry Swirl Kokosijs

INGREDIËNTEN:
- ¾ kopje plus 2 eetlepels verdampte rietsuiker
- 1 (13½ ounce) blik volvette kokosmelk (niet licht)
- 1 kopje niet-zuivelmelk
- 1 theelepel vanille-extract
- ⅓ kopje gedroogde zure kersen, grof gehakt
- ¼ kopje water
- ½ theelepel arrowroot- of tapiocazetmeel
- ½ theelepel vers citroensap

INSTRUCTIES:
a) Meng in een grote pan ¾ kopje suiker met de kokosmelk en andere niet-zuivelmelk en klop om op te nemen. Breng het mengsel op middelhoog vuur aan de kook en klop regelmatig.
b) Zodra het kookt, zet je het vuur middelhoog en klop je constant tot de suiker is opgelost, ongeveer 5 minuten. Haal van het vuur en voeg de vanille toe, kloppend om te combineren.
c) Doe het mengsel over in een hittebestendige kom en laat het volledig afkoelen.
d) Terwijl de ijsbasis afkoelt, doe je de gedroogde kersen en het water in een kleine steelpan. Kook op middelhoog vuur, tot de kersen zacht zijn en het mengsel begint te borrelen.
e) Meng in een kleine kom de resterende 2 eetlepels suiker en het zetmeel. Strooi het mengsel over de kersen en zet het vuur lager om te laten sudderen.
f) Blijf koken tot het mengsel dikker wordt, ongeveer 3 minuten, en klop dan het citroensap erdoor. Doe het over in een hittebestendige kom om volledig af te koelen.
g) Giet het ijsbasismengsel in de kom van een ijsmachine van 1½ of 2 liter en verwerk het volgens de instructies van de fabrikant. Zodra het ijs klaar is, schep je een derde ervan in een diepvriesbakje en voeg je de helft van het afgekoelde kersenmengsel toe.
h) Voeg nog een derde van het ijs toe en bedek met het resterende kersenmengsel.
i) Bestrijk met het laatste derde deel van het ijs en haal een botermes 2 of 3 keer door het mengsel, zodat het ronddraait.

Bewaar de sandwiches minimaal 2 uur in een luchtdichte verpakking in de vriezer voordat u ze gaat samenstellen.

OM DE BROODJES TE MAKEN

j) Laat het ijs iets zachter worden, zodat het gemakkelijk te scheppen is. Plaats de helft van de koekjes met de onderkant naar boven op een schoon oppervlak. Schep een royale bolletje ijs, ongeveer ⅓ kopje, op de bovenkant van elk koekje.

k) Beleg het ijs met de resterende koekjes, waarbij de koekjesbodem het ijs raakt.

l) Druk voorzichtig op de koekjes om ze waterpas te zetten.

m) Verpak elke sandwich in plasticfolie of vetvrij papier en plaats hem minstens 30 minuten in de vriezer voordat je hem gaat eten.

67. Ouderwets ijs

INGREDIËNTEN:
- ¼ kopje sinaasappelsap
- 0½ 0 ounce Triple Sec
- 2 ons Jack Daniel's
- 8 druppels Aromatische bitters
- 1 ¼ kopjes poedersuiker
- 2 kopjes zware slagroom
- 1-2 brandewijnkersen

INSTRUCTIES:
a) Combineer sap, Jack Daniel's, triple sec en bitters in een grote kom.
b) Roer de poedersuiker erdoor, ¼ kopje per keer, tot alles gemengd is.
c) Voeg de slagroom toe en mix tot het dik, maar niet stijf is.
d) Plaats het in een luchtdichte verpakking of in een met waspapier beklede pan bedekt met folie.
e) Invriezen, een nacht of maximaal een paar dagen.
f) Serveer gegarneerd met brandewijnkersen.

68. Pavlova met kersen en amandelen

INGREDIËNTEN:
- 4 eiwitten
- 1 kopje kristalsuiker
- 1 theelepel witte azijn
- 1 theelepel maizena
- 1 kopje slagroom
- 1 kopje ontpitte verse kersen
- ¼ kopje gesneden amandelen, geroosterd

INSTRUCTIES:
a) Verwarm de oven voor op 150 °C. Bekleed een bakplaat met bakpapier.
b) Klop de eiwitten totdat zich stijve pieken vormen. Voeg geleidelijk suiker toe, één eetlepel per keer, en klop goed na elke toevoeging.
c) Voeg azijn en maizena toe en klop tot alles net gemengd is.
d) Schep het mengsel op de voorbereide bakplaat en vorm een cirkel van 20 cm.
e) Maak met een spatel een kuiltje in het midden van de pavlova.
f) Bak gedurende 1 uur of tot de pavlova knapperig is aan de buitenkant en zacht aan de binnenkant.
g) Laat volledig afkoelen.
h) Verdeel de slagroom over de pavlova. Voeg de ontpitte kersen toe en bestrooi met geroosterde gesneden amandelen.

69.Verse kersenvlaai

INGREDIËNTEN:
- 2 Eidooiers
- 1 heel ei
- 3½ kopjes zoete rijpe kersen
- ½ kopje suiker
- ½ kopje boter, gesmolten
- 1 kopje bloem
- 3 eetlepels donkere rum
- 1 theelepel geraspte citroenschil
- 1 kopje melk
- Poedersuiker En Crème Fraiche

INSTRUCTIES:
a) Ontpit de kersen voorzichtig en laat ze heel. Klop de suiker, de eidooiers en het ei samen tot een gladde massa.
b) Klop ⅓ kopje boter erdoor en vervolgens de bloem, rum, schil en melk. Het beslag moet heel glad zijn.
c) Indien gewenst kan het beslag snel in een blender worden gemengd.
d) Bestrijk een 9-inch ovenschaal of pan met de resterende boter. Verdeel de kersen op de bodem en giet het beslag erover.
e) Bak in een voorverwarmde oven van 400 graden gedurende 35 - 40 minuten of tot ze goudbruin en licht gepoft en stevig zijn.
f) Serveer warm met een laagje poedersuiker en een klodder crème fraîche.

OM CRÈME FRAICHE TE MAKEN:
g) Voeg 3 eetlepels gekweekte karnemelk of 1 kopje gekweekte zure room toe aan 2 kopjes zware room in een pan. Verwarm zachtjes tot ongeveer 90 graden. Zet het vuur uit en giet het in een schone pot.
h) Dek losjes af en laat 6 - 8 uur of een hele nacht bij kamertemperatuur (75 - 80 graden) staan tot de crème erg dik is.
i) Roer voorzichtig, dek af en zet maximaal 2 weken in de koelkast.

70.Kersengerold ijs

INGREDIËNTEN:
BASISINGREDIËNT
- 1 kop Crème
- ½ kopje gecondenseerde melk

TOPPING
- 1 tot 2 druppels kersenbloesemextract
- 4 ons witte chocolade, gehakt
- ¼ kopje kersen, uitgelekt
- Een handvol pistachenoten (optioneel)

INSTRUCTIES:
a) Neem een schone, grote bakplaat en voeg de room en de gecondenseerde melk toe.
b) Voeg de toppings toe en plet ze met een spatel.
c) Gelijkmatig verdelen en een nacht invriezen.
d) Rol het ijs de volgende dag met dezelfde spatel van het ene uiteinde van de bakplaat naar het andere.

71. Kersen Cheesecake-ijs

INGREDIËNTEN:
- 3 ons roomkaas, verzacht
- 1 (14 ounce) blikje gezoete gecondenseerde melk
- 2 kopjes half om half
- 2 kopjes slagroom
- 1 eetlepel vanille-extract
- ½ theelepel amandelextract
- 10 ons marasquinkersen, uitgelekt en gehakt

INSTRUCTIES:
a) Klop in een grote mengkom de roomkaas luchtig.
b) Voeg geleidelijk gezoete gecondenseerde melk toe tot een gladde massa.
c) Voeg resterende ingrediënten toe; Meng goed.
d) Giet het in een ijsvriezercontainer en vries het in volgens de aanwijzingen van de fabrikant.

72.Kersentaart

INGREDIËNTEN:
- 1 pakje Chocoladetaartmix
- 21 ons blikje kersentaartvulling
- ¼ kopje olie
- 3 eieren
- Kersenglazuur

INSTRUCTIES:
a) Meng en giet het in een ingevette Bundt-pan.
b) Bak op 350ø gedurende 45 minuten.
c) Laat 30 minuten afkoelen in de pan en verwijder dan.

73.Kersentaart

INGREDIËNTEN:
- 3 grote eieren
- 4½ ounce basterdsuiker (gegranuleerd)
- 3 ons gewone bloem
- ½ ons cacaopoeder
- 15 ons zwarte kersen
- 2 theelepels Arrowroot
- 1 pint Dubbele room (maximaal)
- 3 eetlepels Kirsch of cognac
- 3 Cadbury's-vlokken

INSTRUCTIES:
a) Klop de eieren en de suiker tot ze heel bleek en erg dik zijn en de klopper een spoor achterlaat als je hem optilt. Zeef de bloem en cacao tweemaal en roer ze door het eimengsel. Giet het mengsel in een ingevette en beklede ronde, diepe cakevorm van 23 cm/9 inch.

b) Bak op 375F gedurende ongeveer 30 minuten of tot het stevig aanvoelt. Afkoelen op een rooster.

c) Als de cake koud is, snijd hem dan in drie lagen. Giet de kersen af, bewaar het blikje siroop. Meng ½ pint siroop (voeg indien nodig water toe) met de arrowroot in een pan en breng al roerend aan de kook. Laat sudderen tot het dik en helder is.

d) Halveer de kersen, verwijder de pitjes en doe ze in de pan. Houd er een paar achter voor decoratie. Koel. Klop de room tot hij dik is.

e) Plaats de onderste cakevorm op een serveerschaal en bestrijk met de helft van het kersenmengsel en nog een laag room. Bedek met de tweede cakelaag. Bestrooi met de kirsch of cognac en verdeel het resterende kersenmengsel en nog een laag room erover. Leg de bovenste laag van de cake voorzichtig op de crème.

f) Bewaar een beetje room voor decoratie en verdeel de rest over de bovenkant en zijkanten van de cake. Maak een decoratief patroon op de bovenkant. Schilf of rasp de chocolade en druk het grootste deel op de zijkanten van de cake.

g) Spuit de achtergehouden slagroom in toefjes op de taart en versier deze met de overgebleven chocolade en de achtergehouden kersen. Laat de cake 2-3 uur staan voordat je hem serveert.

74.Kersensoufflé

INGREDIËNTEN:
- 16 ons zure ontpitte kersen, uitgelekt
- 5 eetlepels Brandewijn
- 4 vierkanten chocolade bakken
- 2 enveloppen met niet-gearomatiseerde gelatine
- 3 eieren, gescheiden
- 14 ons gezoete gecondenseerde melk
- 1½ theelepel vanille
- 1 kopje verdampte melk

INSTRUCTIES:
a) Snijd de kersen en marineer ze in cognac (of kersenvloeistof). Week de gelatine in een half kopje kersensap.
b) Klop de eierdooiers lichtjes; roer de gezoete melk en gelatine erdoor. Verwarm op laag vuur tot de gelatine oplost; voeg chocolade toe en verwarm tot het gesmolten is en het mengsel iets dikker wordt. Roer de kersen en vanille erdoor; laat afkoelen tot het mengsel lichtjes ophoopt als het van een lepel valt.
c) Klop de verdampte melk en het eiwit totdat het mengsel stijve pieken behoudt.
d) Vouw het gelatinemengsel erdoor. Giet het in een souffléschaal van 1 liter met een kraag van 7,5 cm. Laat afkoelen tot het stevig is, enkele uren of een hele nacht. Verwijder de kraag; garneer met kersen, chocoladekrullen of opgeklopte topping.

75. Kersen- tiramisu

INGREDIËNTEN:
VOOR KERSENVULLING
- ½ kopje kersensap of siroop
- 1 kopje kersen uit een pot, ontpit
- 1 eetlepel maïsmeel
- 2 eetlepels suiker

VOOR KOFFIEMENGSEL
- 2 eetlepels oploskoffie
- 1 kopje heet water

VOOR MASCARPONECRÈME
- 200 ml slagroom
- 250 g mascarpone
- 6-8 eetlepels poedersuiker
- 1 theelepel vanille-extract

VOOR MONTAGE
- 15 lange vingers koekjes ca. 100g
- chocolade saus
- pure chocoladeschaafsel
- cacaopoeder om te bestuiven
- verse of uit een pot gesneden kersen voor garnering

INSTRUCTIES:
a) Bereid de kersenvulling door 2 eetlepels kersensap/siroop met kersen te mengen, suiker en maïsmeel.
b) Breng het resterende kersensap aan de kook en voeg dan je kersen eraan toe. Meng op laag vuur tot de vloeistof is ingedikt en de kersen enigszins papperig zijn. Houd opzij om af te koelen.
c) Bereid uw koffie door oploskoffie te mengen met heet water en bewaar deze opzij om af te koelen. In plaats van oploskoffie kunt u ook espressopads gebruiken. Je hebt ongeveer een kopje koffie nodig.
d) Klop in een koude kom de slagroom tot middelmatige pieken. Voeg vervolgens je mascarpone, poedersuiker en vanille-extract toe. Klop tot alles romig en glad is.
e) Als alles is afgekoeld, begint u met de montage. Ik gebruik drie middelgrote tot grote glazen. Je kunt alles gebruiken wat je maar wilt.
f) Begin met het dopen van de lange vingers in de koffie. Je mag niet langer dan een seconde dunken. Ze worden heel snel zacht en papperig. Bovendien blijven ze zachter worden met de mascarpone erop. Breek de lange vingers als ze groot zijn voor je serveerglaasjes.

Maak een basis op de bodem met zoveel lange vingers als je nodig hebt.

g) Schep er vervolgens wat mascarponecrème overheen. Druppel er wat chocoladesaus over, zoveel je wilt. Voeg vervolgens een laagje kersen toe. Herhaal dit met nog een basis lange vingers gedoopt in koffie, gevolgd door mascarponecrème.

h) Bestrooi met cacaopoeder en strooi er wat chocoladeschaafsel over. Leg er een verse kers bovenop. I

i) Zet 2-3 uur in de koelkast voordat u het serveert. Koud genieten!

76.Chiapudding met kersenfruit

INGREDIËNTEN:
- 2 eetlepels chiazaad
- ½ kopje ongezoete amandelmelk
- 1 theelepel ahornsiroop
- ½ theelepel vanille-extract
- ⅓ kopje bevroren bosvruchten, ontdooid
- 1 eetlepel veganistische natuurlijke kokosyoghurt
- 1 eetlepel muesli

INSTRUCTIES:

a) Chiapudding: Klop de chiazaden, amandelmelk, ahornsiroop en vanille-extract in een kleine kom. Laat het 10 minuten staan en laat het iets dikker worden. Klop na 10 minuten opnieuw om eventuele klontjes te verwijderen en verdeel de zaden gelijkmatig door de melk.

b) Giet de chiapudding in een luchtdicht bakje en zet het minimaal een uur, bij voorkeur een hele nacht, in de koelkast.

c) Kersenyoghurt: Maak ondertussen de Kersenyoghurt. Pureer de bessen met een vork tot je tevreden bent met de textuur. Als alternatief kunt u een kleine blender gebruiken. Roer vervolgens de yoghurt door het gepureerde fruit totdat alles is opgenomen. Dek af en bewaar in de koelkast tot je chiapudding dikker is geworden.

d) Toppings: Wanneer je klaar bent om te serveren, schep je de kersenyoghurt over de chiapudding en strooi je er een beetje knapperige granola over. Ik vind het ook heerlijk om de mijne te beleggen met verse kersen.

77. Kersen Cannoli

INGREDIËNTEN:
VOOR DE CANNOLI
- 2 grote eiwitten
- ⅓ kopje suiker
- 1 eetlepel koolzaadolie
- 1 eetlepel boter, gesmolten
- 2 theelepels puur vanille-extract
- 1 eetlepel cacaopoeder
- ⅓ kopje bloem voor alle doeleinden

VOOR DE GEROOSTERDE KERSEN
- 2 kopjes verse kersen, ontpit
- ⅓ kopje suiker
- 2 theelepels maizena

VOOR DE SLAGROOM
- 1 kopje gekoelde zware slagroom
- 1 eetlepel kirsch
- 1 kopje poedersuiker

INSTRUCTIES:
a) Verwarm de oven voor op 375.
b) Vet twee bakplaten licht in met bakspray; opzij zetten.
c) Klop in een middelgrote kom het eiwit, de suiker, koolzaadolie, gesmolten boter en vanille samen. Klop tot alles goed gemengd is.
d) Voeg cacaopoeder en bloem toe; blijf kloppen tot het glad is en er geen klontjes verschijnen.
e) Schep 4 hopen beslag op elke bakplaat, gebruik voor elk 3 theelepels beslag en plaats de koekjes op een afstand van 7,5 cm van elkaar.
f) Verdeel elk koekje met de achterkant van de lepel tot een diameter van ongeveer 10 cm.
g) Bak gedurende 6 tot 7 minuten, of tot de randen bruin beginnen te worden.
h) Maak met een offsetspatel de koekjes los van de bakplaat en vorm ze in buisvorm. Je kunt een rond metalen voorwerp gebruiken en de koekjes daar omheen wikkelen.
i) Leg de koekjes met de naad naar beneden en laat afkoelen.
j) Maak ondertussen de kersen klaar.
k) Verwarm de oven voor op 400.
l) Combineer kersen, suiker en maizena in een mengkom en meng om te mengen.

m) Doe over in een bakvorm/schaal.
n) Rooster gedurende 40 tot 45 minuten, of tot de sappen bubbelen, en roer elke 15 minuten.
o) Laat volledig afkoelen en zet in de koelkast tot gebruik.
p) Bereid de slagroom voor.
q) Combineer gekoelde zware slagroom, Kirsch en poedersuiker in de kom van je mixer.
r) Klop het mengsel tot er stijve pieken ontstaan; koel tot klaar voor gebruik.
s) Koekjes samenstellen
t) Verdeel de geroosterde kersen gelijkmatig en stop ze in elke cannoli-schaal.
u) Schep de bereide slagroom in een spuitzak voorzien van een stervormig spuitmondje en spuit de vulling in cannoli-schalen.
v) Dienen.

78. Kersentaart

INGREDIËNTEN:
- ½ kopje boter
- 21 ons ingeblikte kersentaartvulling
- 1¼ kopjes chocoladewafelkruimels
- 3 eieren
- ⅔ kopje bloem
- 1 eetlepel zware slagroom
- ¼ theelepel zout
- 2 ons halfzoete chocolade
- ⅔ kopje suiker
- 1 theelepel vanille-extract

INSTRUCTIES:
a) Meng in een kleine kom wafelkruimels en suiker; roer de boter erdoor. Druk op de bodem en de zijkanten van een licht ingevette 11-inch. Gecanneleerde taartvorm met verwijderbare bodem.
b) Plaats de pan op een bakplaat.
c) Bak op 350° gedurende 8-10 minuten of tot ze lichtbruin zijn. Afkoelen op een rooster.
d) Smelt boter en chocolade in een magnetron; roer tot een gladde massa. Koel gedurende 10 minuten. Klop in een grote kom de eieren, suiker, vanille en zout tot ze ingedikt zijn, ongeveer 4 minuten. Meng er een chocolademengsel door. Roer de bloem erdoor en meng goed.
e) Giet in korst; gelijkmatig verspreiden.
f) Bak op 350° gedurende 25-30 minuten of totdat een tandenstoker die vlakbij het midden wordt gestoken er schoon uitkomt. Laat volledig afkoelen op een rooster.
g) Verdeel de taartvulling over de bovenkant.
h) Smelt chocolade en room in een magnetron; roer tot een gladde massa. Laat 5 minuten afkoelen, af en toe roeren.
i) Druppel over de taart. Chill tot het is gezet.

79.Kersenijscoupes met brownies

INGREDIËNTEN:
VOOR HET IJS
- Pot enkele crème van 568 ml
- 140 g kristalsuiker
- 4 eierdooiers
- ½ theelepel vanille-extract
- 200 g pure chocolade (70% cacao), plus extra om te versieren

VOOR DE KERSENSAUS
- ½ blikje kersen van 400 g
- 2 eetlepels kirsch of cognac

SERVEREN
- 148 ml slagroom
- 2 theelepels poedersuiker
- 2 brownievierkantjes

VOOR DE BROWNIES
- 200 g boter
- 175 g donkerbruine suiker
- 140 g kristalsuiker
- 4 eieren
- 50 g gemalen amandel
- 50 g gewone bloem
- 200 gram pure chocolade

INSTRUCTIES:
a) Voor het ijs: giet de room in een pan en breng het aan de kook. Klop de suiker, eidooiers en vanille door elkaar. Giet er 2 eetlepels room over en klop het door het eimengsel.

b) Giet het eimengsel in de pan met de room, zet het vuur lager en laat een paar minuten koken, onder voortdurend roeren met een houten lepel, totdat de custard de achterkant van de lepel bedekt.

c) Smelt de chocolade 1 minuut in de magnetron op de hoogste stand en roer dan door de kom met custard. Wanneer de vla is afgekoeld, draait u hem in een ijsmachine volgens de instructies van de fabrikant.

d) Giet voor de saus de kersen af, bewaar het vocht en zet opzij. Doe de vloeistof in een pan met de kirsch of cognac en laat 5 minuten koken of tot het stroperig is. Doe de kersen terug in de pan om door te verwarmen.

e) Om de ijscoupes samen te stellen, klop je de slagroom met de poedersuiker tot er zachte pieken ontstaan. Snijd de brownies in hapklare stukjes en leg een handjevol op de bodem van 4 glaasjes. Schep het ijs erop en besprenkel met de kersen en de saus. Bestrijk met slagroom en bestrooi met geraspte chocolade.

f) VOOR DE BROWNIES: Verwarm de oven tot 180°C/heteluchtoven 160°C/gasstand 4, vet een vierkante brownievorm van 20 cm in en bekleed deze. Verhit de boter en de pure chocolade in een pan tot ze gesmolten zijn. Roer de donkerbruine suiker en kristalsuiker erdoor. Laat 5 minuten afkoelen en meng dan de eieren erdoor.

g) Roer de amandelen en de bloem erdoor. Giet het mengsel in de vorm en bak het in 30-35 minuten gaar.

80. Kersen Bircher

INGREDIËNTEN:
- 2 kleine peren, geraspt
- 10 eetlepels (60 g) havermout
- 1 eetlepel cacaopoeder of cacaopoeder
- 200 g Griekse yoghurt, plus 4 eetlepels
- 5 eetlepels melk
- 1 eetlepel ahornsiroop of honing, plus extra om te serveren (optioneel)
- 200 g kersen, gehalveerd en ontpit
- 2 vierkantjes pure chocolade

INSTRUCTIES:

a) Combineer de peren, haver, cacao, yoghurt, melk en ahornsiroop in een kom. Verdeel over vier kommen (of bakjes als je het meeneemt naar je werk).

b) Bestrijk elke portie met wat kersen, 1 eetlepel yoghurt en een beetje extra ahornsiroop, als je wilt. Rasp de chocolade fijn over de Bircher en bestrooi elke portie lichtjes.

c) Eet het meteen of laat het maximaal 2 dagen in de koelkast staan.

81.Kersenzuccotto

INGREDIËNTEN:
- 1 kopje slagroom
- 1-2 eetlepels suiker
- 14 ons blikje kersentaartvulling
- 3 eetlepels geraspte pure chocolade
- 1 inch negen gebakken chocoladetaart

INSTRUCTIES:
a) Snijd de cake doormidden en druk deze in een kom van 20 cm die je hebt besproeid met kookspray en vervolgens bekleed met plasticfolie die over de randen hangt.
b) Met de plasticfolie erin, druk je de cake zo ver mogelijk naar binnen en OMHOOG langs de zijkanten van de kom om die bovenste koepel te vormen.
c) Doe het blik kersen erin.
d) Neem het kopje room en klop het tot het slagroom is. Voeg naar eigen smaak de suiker toe, ik geef de voorkeur aan minder zoete slagroom omdat de taartvulling erg zoet is.
e) Doe de slagroom in de taart, bovenop de kersen.
f) Strooi het pure chocoladeschaafsel over de slagroom.
g) Plaats de onderkant van de cake erop en snij het overtollige weg totdat het past. Druk hem stevig aan, maar niet zo stevig dat alles er in één deel uit komt! Als u vervolgens de resterende plasticfolie heeft, haalt u deze eenvoudig van de zijkanten van de kom en dekt u deze af
h) Zet een nacht in de koelkast. Keer het om op een bord en het zou er mooi uit moeten komen met de plasticfolie.
i) Verwijder de plasticfolie en geniet ervan!

82.Kersen Boule-de-Neige

INGREDIËNTEN:
TAART
- Plantaardige oliespray met anti-aanbaklaag
- ⅓ kopje kersenconserven
- 2 eetlepels kirsch
- 1 ½ kopje gedroogde zure kersen
- 1 pond bitterzoete chocolade, gehakt
- 1 kop (2 stokjes) ongezouten boter
- 1 ¼ kopjes suiker
- 1 theelepel vanille-extract
- 6 grote eieren
- ⅓ kopje bloem voor alle doeleinden

KIRSCH-SLAGROOM
- 2 kopjes gekoelde slagroom
- ¼ kopje poedersuiker
- 4 theelepels kirsch (heldere kersenbrandewijn)
- ¼ theelepel amandelextract
- 16 gekonfijte violette bloemblaadjes

INSTRUCTIES:
VOOR TAART:
a) Plaats het rek in het onderste derde deel van de oven en verwarm voor op 350 ° F. Bekleed een metalen kom met 10 kopjes met folie, die 7,5 cm over de zijkanten uitsteekt. Spuitfolie met anti-aanbakspray. Roer de conserven met kirsch in een middelgrote koekenpan op middelhoog vuur tot de conserven smelten.
b) Voeg gedroogde kersen toe; aan de kook brengen. Omslag; haal van het vuur. Laten afkoelen.
c) Smelt de chocolade met boter in een zware, grote pan op middelhoog vuur en roer tot een gladde massa. Haal van het vuur.
d) Klop de suiker en de vanille erdoor en klop de eieren er 1 voor 1 door. Meng de bloem erdoor en vervolgens het kersenmengsel. Breng het beslag over naar de voorbereide kom.
e) Bak de taart in een kom gedurende 30 minuten. Vouw het overhangende folie over de randen van de cake om te voorkomen dat deze te bruin wordt.
f) Ga door met het bakken van de cake totdat de bovenkant gebarsten en droog is en de tester die in het midden is gestoken eruit komt met wat vochtig beslag eraan, ongeveer 55 minuten langer. Laat de cake

volledig afkoelen in een kom op het rooster (de cake kan in het midden vallen).
g) Druk stevig op de rand van de cake zodat deze gelijk ligt met het midden van de cake. Dek af en laat een nacht bij kamertemperatuur staan.

VOOR KIRSCH-SLAGROOM:
h) Klop met een elektrische mixer de room, poedersuiker, kirsch en amandelextract in een grote kom tot de room pieken vasthoudt.
i) Keer de cake om op een schaal. Trek de folie eraf. Schep de slagroom in een grote spuitzak met een middelgrote sterpunt. Spuit slagroomsterren over de taart, zodat deze volledig bedekt is. Spuit extra sterren over het bovenste platte midden van de taart om een koepel te vormen.
j) Versier met gekonfijte viooltjes.

DRANKJES

83.Kers-Vanille Bourbon

INGREDIËNTEN:
- 1 kopje ontpitte verse of bevroren kersen
- 1 vanillestokje, gespleten
- 2 kopjes bourbon
- ½ kopje honing of ahornsiroop

INSTRUCTIES:
a) Combineer kersen, vanilleboon, bourbon en honing in een glazen pot.
b) Sluit het af en laat het gedurende 1 tot 2 weken op een koele, donkere plaats trekken, af en toe schuddend.
c) Zeef en bewaar in een schone fles.

84.Kersenlimonade

INGREDIËNTEN:
- 1 pond verse zure kersen (houd er een paar apart voor garnering)
- 2 kopjes suiker
- 8 kopjes water
- 6 tot 8 citroenen, plus extra voor garnering

INSTRUCTIES:
a) Meng in een middelgrote pan de zure kersen, suiker en 3 kopjes water.
b) Laat het 15 minuten sudderen en laat het vervolgens afkoelen tot kamertemperatuur.
c) Giet het mengsel door een fijne zeef.
d) Pers voldoende citroenen uit om 1 ½ kopje citroensap te verkrijgen.
e) Combineer het kersensap, het citroensap en ongeveer 5-6 kopjes gekoeld water (aanpassen aan uw smaak).
f) Roer goed en voeg indien gewenst dunne schijfjes citroen en verse kersen toe voor extra flair.

85.Kersen Tuttifrutti

INGREDIËNTEN:
- 4 pond aardbeien
- 2 pond frambozen
- 1 pond bosbessen
- 2 pond perziken
- Twee 16-ounce blikjes zure taartkersen
- 12-ounce blikje bevroren rode druivensap
- 12-ounce blikje ananas, banaan, passievruchtdrank
- 6 pond suiker
- 2 pond lichte honing
- voldoende water om vijf gallons aan te vullen
- 10 theelepels zuurmengsel
- 1½ theelepel tannine
- 2½ theelepel pectine-enzym
- 6 theelepels gistvoeding
- 5 Campden-tabletten, gemalen (optioneel)
- 1 pakje champagnegist

INSTRUCTIES:
a) Bereid al het fruit voor en doe het in één grote of twee kleinere nylon zeefzakken. Ontdooi de sappen. Plaats ze op de bodem van een gezuiverde primaire vergister.

b) Kook ongeveer 1 tot 2 liter water met de suiker en honing, afhankelijk van hoe groot de ketel is. Eventueel afschuimen.

c) Giet het hete suikerwater over het fruit en de sappen. Voeg de rest van het water toe dat nodig is om de vijf gallon aan te vullen en een beetje meer.

d) Voeg de gistvoedingsstof, het zuur en de tannine toe, inclusief de Campden-tabletten, als u ervoor kiest deze te gebruiken.

e) Afdekken en monteren met een luchtsluis. Als u de Campden-tabletten gebruikt, wacht dan minimaal 12 uur voordat u het pectine-enzym toevoegt. Controleer na nog eens 12-24 uur de PA en voeg de gist toe.

f) Dagelijks roeren. Haal na een week of twee de fruitzakken eruit en laat ze uitlekken zonder te knijpen. Gooi de vrucht weg. Bekijk het wijnvolume en de PA. Als je meer water moet toevoegen, doe dat dan. Als u iets te veel heeft, hoeft u zich geen zorgen te maken. Het leven is te kort zoals het is.

g) Wanneer de PA daalt tot 2 tot 3 procent, doe de wijn dan in een glazen mandfles en plaats er een luchtsluis in.
h) Rek het nog twee keer in de komende zes maanden of zo. Wacht tot de wijn helder is en vergist.
i) Bottel het in grote en normale flessen. Wacht zes maanden voordat u het probeert.

86. Ananas- kersenpunch

INGREDIËNTEN:
- 3-ounce pakket kersengelatinemix
- 1 kopje heet water
- 46-ounce blikje ananassap, gekoeld
- 4 kopjes appelsap, gekoeld
- ¾ kopjes citroensap
- 1 1tr. gemberbier, gekoeld
- Garneringen: marasquinkersen, partjes citroen

INSTRUCTIES:
a) Roer het gelatinemengsel en het hete water in een kleine kom door elkaar tot de gelatine is opgelost.
b) Giet in een grote kruik, roer de sappen erdoor; kil.
c) Als je klaar bent om te serveren, voeg je ginger ale toe aan de kan en roer je voorzichtig om te combineren.

87. Bourbon- en kersencocktail

INGREDIËNTEN:
- 4 eetlepels bourbon
- 1 eetlepel + 1 theelepel kersenbrandewijn
- 1 eetlepel bruine creme de cacao
- 1 theelepel Kahlua

OM TE GARNEREN
- scheutje room (dubbel/zwaar)
- Maraschino Kersen
- geraspte chocolade/cacaopoeder

INSTRUCTIES:
a) Doe in elk cocktailglas een kers
b) Doe een handvol ijs in een cocktailshaker of kan en voeg alle alcohol toe
c) Roer gedurende 20 seconden en giet het vervolgens in de glazen
d) Laat een beetje slagroom over de cocktail drijven (zie opmerkingen)
e) Bestrooi met geraspte chocolade of een beetje gezeefd cacaopoeder

88. Kersenkomkommer opfrisser

INGREDIËNTEN:
- 1 komkommer, geschild en gehakt
- 1 handvol kersen
- 1 eetlepel verse koriander
- 3 kopjes water

INSTRUCTIES:
a) Doe je ingrediënten in een kan.
b) Zet een paar uur in de koelkast om te laten trekken.
c) Serveer grondig gekoeld.

89. Kersen Limeade

INGREDIËNTEN:
- 1 kop verse kersen, ontpit
- 2 limoenen, in dunne plakjes gesneden
- Agavesiroop, naar smaak

INSTRUCTIES:
a) Doe de ingrediënten in je glazen pot.
b) Koel Serveren.

90.Kersenmuntwater

INGREDIËNTEN:
- 8 verse kersen, ontpit en gehalveerd
- Water
- ¼ kopje muntblaadjes

INSTRUCTIES:
a) Pureer de kersen en doe ze in een glazen pot.
b) Vul de pot met water; schud het grondig.
c) Serveer gekoeld en geniet ervan!

91.Kersen En Peterselie Mocktail

INGREDIËNTEN:
- 7 ons gerookte suiker
- 7 ons verse kersen, ontpit
- 4 takjes verse peterselie
- 2 eetlepels honing
- sap van 1 citroen
- sodawater

INSTRUCTIES:
a) Combineer de gerookte suiker met 250 ml water in een pan en kook op laag vuur, al roerend tot de suiker oplost.
b) Haal van het vuur en voeg de kersen en peterselie toe.
c) Doe de siroop in een gesteriliseerde glazen pot en laat 3 uur trekken.
d) Giet de gearomatiseerde siroop in 4 glazen en voeg de honing en het citroensap toe.
e) Werk af met gekoelde frisdrank.

92.Bevroren kersen mokka

INGREDIËNTEN:
- 4 eetlepels Espresso
- Ijs
- 1 eetlepel chocoladesiroop
- 1 eetlepel Kersensiroop
- ½ eetlepel Kokossiroop
- 16 eetlepels Koude melk
- Slagroom; voor topping
- Geschoren chocolade; voor topping
- 1 kers; voor garnering

INSTRUCTIES:
a) Giet espresso in een 12-ounce glas gevuld met ijs.
b) Siropen en melk toevoegen en roeren.
c) Werk af met een flinke klodder slagroom en geschaafde chocolade en garneer met een kers.

93.Bing Cherry- likeur

INGREDIËNTEN:
- 2 plakjes citroen
- 1 Vijfde VO
- Bing-kersen
- 2 eetlepels suiker

INSTRUCTIES:
a) Vul elke pot halfvol met kersen.
b) Voeg aan elk een schijfje citroen en een eetlepel suiker toe.
c) Vul vervolgens tot de bovenkant met VO, sluit het deksel goed, schud en laat het gedurende 6 maanden op een koele plaats trekken.

94.Kers-Vanille Bourbon

INGREDIËNTEN:
- 2 vanillestokjes , gespleten
- 8 ons gedroogde of verse kersen
- 32 ons whisky

INSTRUCTIES:
a) Combineer alles en laat het minimaal 2 dagen trekken op een koele, donkere plaats.

95. Kersenbrandewijn

INGREDIËNTEN:
- ½ pond Bing-kersen. stamde
- ½ pond Kristalsuiker
- 2 kopjes cognac

INSTRUCTIES:
a) Doe de kersen in een pot van 1 liter.
b) Giet suiker over de kersen.
c) Giet cognac over suiker en kersen.
d) Steil gedurende 3 maanden. NIET SCHUDDEN.
e) Giet in een fles.

96.Met kersen doordrenkte cognac

INGREDIËNTEN:
- 33 ons cognac
- 0,15 ons Vanillestokjes
- 23 ons Zoete kers, ontpit
- 7 ons basterdsuiker

INSTRUCTIES:
a) Vul een pot van twee kwart gallon met ontpitte zoete kersen.
b) Voeg basterdsuiker, een vanillestokje en cognac toe.
c) Sluit de pot en laat 2 weken trekken

97.Kersenkomboecha

INGREDIËNTEN:
- 14 kopjes zwarte thee kombucha, verdeeld
- 32 ons zoete kersen, ontpit

INSTRUCTIES:
a) Pureer de kersen in een keukenmachine of blender samen met ongeveer 1 kopje kombucha tot ze vloeibaar zijn.
b) Voeg de puree en de resterende kombucha toe aan een glazen pot van 1 gallon en sluit deze af met een schone witte doek, vastgezet met een rubberen band.
c) Laat de pot op het aanrecht staan op een warme plaats, rond de 22°C, gedurende minimaal 12 uur en niet langer dan 24 uur. Hoe langer het laat trekken, hoe sterker de kersensmaak zal worden.
d) Giet de kombucha door een zeef van gaas over een grote pot of pot om eventuele vaste stoffen te verwijderen.
e) Giet de kombucha met een trechter in flessen en sluit ze goed af. Plaats de flessen op een warme plaats, ongeveer 22°C, en laat ze 48 uur gisten.
f) Bewaar 1 fles gedurende 6 uur in de koelkast, totdat deze volledig gekoeld is. Open de fles en proef de kombucha. Als het naar uw tevredenheid bruist, bewaar dan alle flessen in de koelkast en serveer ze zodra ze gekoeld zijn.
g) Zodra het gewenste bruisen en zoetheid is bereikt, bewaart u alle flessen in de koelkast om de gisting te stoppen.

98. Kersen Martini

INGREDIËNTEN:
- 2 ons vanillewodka
- ½ ons chocoladelikeur
- ½ ons Creme De Cacao
- 2 theelepels kersensap
- Garnering: slagroom/chocoladeschaafsel/kers

INSTRUCTIES:
a) Meng in een met ijs gevuld glas vanillewodka, chocoladelikeur, crème de cacao en kersensap.
b) Goed schudden.
c) Giet het mengsel in een coupéglas en garneer met slagroom, chocoladeschaafsel en een kers.

99.Cherry Boba-milkshake

INGREDIËNTEN:
- 110 ml chocolademelkdrank
- 3 schepjes melkpoeder
- 2 schepjes Kersenpoeder
- Een paar bolletjes gemalen ijs
- En ook een paar bolletjes boba-parels

INSTRUCTIES:
a) Schud alles in een kopje met deksel.
b) Tenslotte het ijs en de bobaparels.

100. Smoothie van kersen-vanille

INGREDIËNTEN:
- 1 kopje bevroren ontpitte kersen
- ¼ kopje rauwe macadamianoten
- ½ banaan, in stukjes gesneden
- ¼ kopje gedroogde gojibessen
- 1 theelepel puur vanille-extract
- 1 kopje water
- 6 tot 8 ijsblokjes

INSTRUCTIES:
a) Doe alle ingrediënten behalve het ijs in een blender en verwerk tot een gladde en romige massa.
b) Voeg het ijs toe en verwerk opnieuw. Drink ijskoud.

CONCLUSIE

Nu we onze reis door de wereld van kersen afsluiten, hoop ik dat dit kookboek je heeft geïnspireerd om de zoete en zure smaken van deze geliefde vrucht in je eigen keuken te ontdekken. "HET ULTIEME KERSEN KOOKBOEK" is gemaakt met een passie voor het vieren van de heerlijke veelzijdigheid van kersen en biedt een breed scala aan recepten voor elke smaak en gelegenheid.

Bedankt dat je met mij meegaat op dit culinaire avontuur. Moge uw keuken gevuld zijn met de onweerstaanbare geur van kersentaarten die in de oven worden gebakken, de zoete scherpte van kersenjam die op het fornuis staat te sudderen, en de levendige kleuren van kersensalades die uw tafel sieren. Of je nu van kersen geniet als zoet tussendoortje of ze verwerkt in hartige gerechten, laat elke hap een viering zijn van de verrukkingen van deze geliefde vrucht.

Tot we elkaar weer ontmoeten, veel kookplezier en mogen uw culinaire creaties blijven verrassen en inspireren. Proost op de wondere wereld van kersen en de vreugde die ze op onze tafels brengen!

www.ingramcontent.com/pod-product-compliance
Lightning Source LLC
Chambersburg PA
CBHW070351120526
44590CB00014B/1089